書物の宴

大石嘉美

港の人

四軒の古書店——序にかえて

「書物」という言葉には、独特の黴臭さが纏わりついている。それはまさにモノなのだ。モノである限り、どんなに保管に意を用いても、臭い、変色、汚れ、歪み、破れなど、経年や使いこみによる変化を免れることはできない。だがそれら五感で確かに受け止めることができるイメージこそが、書物の表情であり身振りであって、それを介さないで伝えられる文字情報は、どこへ浮遊するかわからない危うさを常に伴っている。書物というものが壁面を天井まで覆い、扉を閉めておくとモノとしての香りがたちこめるような空間が必要なのだ。

その空間が、急速に町から消えつつある。私の住む町でも、ここ何年かの間に、小・中規模の書店が立て続けに廃業あるいは撤退に追い込まれた。図書館はあるのだが、貸し出される書物には、商われる書物のような、モノとして所有し得る魅力がない。

しかし、消えようとする燈火を掻き立てるように、そんな喪われつつあるかに見える書物の空間を、守り続けている人々もいる。浜松城公園からさほど遠からぬところに、四軒の古書店がある。老舗の「時代舎」と「典昭堂」、近年開業した「百寿堂」と「八月の鯨」である。

とある日、たまたま中沢町の郵便局に立ち寄った時に、隣りに古書店のあるのに気づいた。こんな所に古本屋が、と思って玄関先まで行くと、建物正面の壁に「百寿堂」とあり、入口の脇には「ご自由にお持ち下さい」と張り紙をした棚に、パンフレットが並べてあった。一部を手にとって見ると、折り畳まれた最初のページに、

『まち歩き中沢町界隈　歴史散策&古書店地図～ミュージックサイレンが流れる街～』とある。店の中を覗いて見たいと思ったが、その時は急いでいたので、日を改めて訪れた。

玄関を入ると、本棚の側面に掛けてあるネジ巻式の振り子時計の、単調な音だけが聞こえる小さな店の奥に、主人らしき人が座を占めて、客が入って来ても顔を上げることもなく、パソコンに向かっている。パンフレットについて尋ねると、作成のいきさつを次のように話してくれた。

――停年前にサラリーマンをやめて、「古本屋の親父」をやってみたいと思い、七年前に（二〇一一年）今の店を開いた。開業して数年経った頃、二人の女子大学生が店に立ち寄った。二人とも他県の出身だった。話をしているうちに持ち上がったのが、町のマップを作ろうというアイディア。学生たちと町民有志で中沢町とその隣町を歩き、旧跡や名所、店舗、古書店などを取材した。学生の一人がデザイン科だったので、マップのイラストを担当し、それぞれの位置を書き入れた。必ずしも事はスムーズに運ばなかったが、彼らの協力のもと、一年余りをかけてこのパンフレットができ上がった。――

このことは地元紙でも報じられた。パンフはなかなかよくできていて、町に対する愛着に満ちている。しかし、もし四軒の古書店が載る「古書店地図」と銘打たなかったら、画竜点睛を欠いただろう。書店というものが急激に町から姿を消しつつある今日、「古書店地図」とは夢のような話ではないか。

＊　＊　＊

池町の「典昭堂」は、ホームページによると昭和九年（一九三四年）の創業。まだ若い主人は三代目だそうである。店の奥には机、その上に、分厚い俎板のように見える木の台が置いてあり、その上には何もない。先代から使っているらしく、大分年季が入っている。私はこれまで何度か用済みになった本を持ち込んだが、主人はまず本を何冊かその台の上に置く。重ねてトンと立てたり横にしたりしては左右から見回し、次に一冊ずつ手にとって、中味をパラパラと改める。ものによっては、古い目録を取り出して確認し、最後に、手にした電卓をポンポンと叩いて、――これでどうでしょう、と金額を示す。場合によっては、――今はこういうものはなかなか値段がつかないんですよねえと、困ったような顔つきをした後で、――いつも足を運んでいただいてますんで、と前置きをしてから電卓を見せることもある。ホームページの「買取について」のタブをクリックすると、こんなことが書いてある。

本のかけこみ寺　大事な想いの詰まった本を救う！　本に喜ばれる古本屋！

イラストの笑顔の本からは吹き出しが出ていて、「再生紙にならずに、活躍する事ができて嬉しい！」と言っている。古書店へ行かないと本が手に入らない時代ではないが、「古本屋」という空間には何とも言えない安らぎがある。

＊　＊　＊

アランの『幸福論』は、日本でも長いこと読み継がれてきた名著である。定年までリセ（高校）の教師であったアランが、地元紙に書き続けた膨大な語録「プロポ」の中から、幸福に関するものを集めた短文集で、「自分に与える規律によってこそ、人は幸福なのだ。[*1]」「幸福であることが他人に対しても義務であることは、じゅうぶん言われていない。」「幸福だから笑うのではない。笑うから幸福なのだ。」

など、どの頁を開いても含蓄に富む言葉が目に飛び込んでくる。
『ラニョーの思い出』は、アランのリセ時代の恩師、ジュール・ラニョーの思い出を綴ったもの。アランが現代最高の哲学者として敬愛してやまなかった、無名のリセの教師である。子供の時にかかった病気の後遺症に苦しみ、「たいていは寝ているか、生に近い半熟の卵ないし野菜の裏ごしなどの粗末な食事を」とるという生活であったが、「その話ぶりや、身のこなし、歩き方など、すべてが活発で若々しく」、その精神は常に「活動状態」にあり、「その顔に、倦怠はおろか疲労の色さえも、一度も見せたことがなかった」という。[*2]
ある年、ラニョーの生徒の一人が大学入試に失敗した。リセでは首席で、しかもその首席をもたらした小論文と同じテーマが入試で与えられ、合格は間違いないと思われていた。結果は不合格。その報せを聞いたラニョーは、敢然と自ら大学へ出向き、口頭試問を受けるよう取り計らって、その生徒を合格させる。およそあり得ないような話だが、アランは「実際にあったこと」だと書いている。ラニョーは「死後の名声のための努力」は一切しなかったため、一冊の著書も遺さず、四十三歳で没した。アランは師の没後、その遺稿集を出版している。

『ラニョーの思い出』を読んで、『幸福論』以外の作品も読みたくなった。だが、当時文庫本では『音楽家訪問』(岩波文庫)くらいしか出ていなかった。かといって新しい『アラン著作集』は値が張る。古い版なら安価に手に入るかもしれない。まだネットで買う時代ではなかったので、古書店へ出かけた。それが松城町の「時代舎」だった。

——アランの著作集はありますか。主人は、——あることはありますが、と奥の方へ入っていった。少しして戻ってくると、柿色の布表紙で七冊の古い『アラン著作集』を見せて、——これは一冊欠けてるんだけど、これでよければ……。——おいくらですか。——うーむ……二千円でいいです。なんと! 新刊の一冊分で買えるというのだ。――結構です。それ下さい。シリーズもので欠巻があれば大幅に値が下がるのは当然のことだが、アランの本を読みたいだけの私にとっては破格と思われた。と同時に、こんな半端ものに値段がつけられるか、といわんばかりの、「時代舎」の主人のプライドを垣間見た気がした。

＊　＊　＊

さて、もう一軒、元目町の「八月の鯨」だが、私はまだ一度しか行ったことがない。名前が変わっている。映画のタイトルからつけたらしい。雰囲気のいい小さな店で、並んでいる本もよく選ばれている。店の半分が喫茶店ふうに作られていていて、今度は珈琲も、と思いながら、まだ二度目の訪問を果たしていない。主人はいったいどんな人だろうか。

書物の宴

目次

蔵

祈

時

星

南アルプスのとある山に登り、テントで一夜を過ごした暁に、まだ真っ暗な山道を下っていったことがある。星が降るほどに空を覆っていた。見上げるまでもなく行く手の空に星々が見え、それを見下ろすようにして下界へ向かった。

井上靖に、『星闌干』という何とも魅力的なタイトルの詩集がある。井上靖の詩は、小説に比べるとさほど読まれていない。全部で八冊ある詩集も、現在古書では二束三文だし、そのうち何冊かを収めた『井上靖全詩集』（新潮文庫）も、書店で見かけることはない。八冊全てを掲げれば、『北国』『地中海』『運河』『季節』『遠征路』『乾河道』『傍観者』『星闌干』。どれも同じ判型で、ふつうの単行本より縦幅が長く、厚手の紙に大きい活字で、上下の余白を十分にとって印字されている。書物の中の空間を贅沢に使って、そこに住まうかのような一つ一つの詩は、ほとんどが大抵見開き二頁に収まる程度の短い散文である。それでいて、紛れもなく詩を読んでいるという気分に誘われる。いずれも何の奇をてらうところもない、それでいて手にとってみたくなるタイトルである。特に最後の『星闌干』など、開いて見ずにいられれようか。

夕刻になると、その小さくて、遠い、宝石の村には燈火が入る。点々と燈火は点って行く。やがて、それに呼応するかのように、その集落の上に大きく拡がっている夕空のあちら、こちらでも、星が、これまた点々と輝き始める。

夜が更けると、わが故里の集落は睡り、それを押し包んでいる夜空には、無数の星がばら撒かれ、光り、輝き、時に流れ、時に墜ち、時に奔っている。[*3]

表題作の一節だが、村の点々と灯される燈火が空にまで拡がっていくかのような、静謐な星空の美しさを描き取っている。「天龍川・讃」という詩もある。

北斗と織姫の間に横たわっている星座は、天龍と名付けられている。長く、美しい星の帯。あるところは烈しく、あるところは静かに輝いている。その空高く竝んだ星たちが、己が出生の地を、大和島根に求めんとすると、列島のほぼ中央、天龍渓谷ということになる。

天龍川の渓谷が、天の一角にある星の帯を生み出すという。その渓谷を擁する佐久間町の河川敷にはこの詩碑があり、星座命名の記念碑を埋め込んだような趣がある。今日、誇大広告とともに出版され、「話題沸騰」あるいは「何万部突破」を謳い文句にして量産され、新刊コーナーに山積みになったかと思うと、たちまち紙屑のごとく、泡ぶくのごとく捨て去られ、忘れ去られてゆくおびただしい書物の中に置いてみると、井上靖の詩集は燻し銀のような輝きを帯びて来る。

＊　＊　＊

星の詩といえば、鎌倉時代の歌人、建礼門院右京大夫の名を逸するわけにはいかない。

彼女が生きたのは、保元の乱の頃から源平の争いを経て、承久の乱に至る七十年を越える歳月で、時代の大きな転換期だった。長く生きたゆえに、後世、歴史的な事件とされる出来事をいくつも見聞することになった。その歌も、主として平家の全盛期から都落ち、そして滅亡という一連の出来事を背景として詠まれている。しかし彼女の人生で最も大きな意味を持つのは、前半生における恋人平資盛との出会いと別れであったらしく、それは最晩年に至るまで思い出の中に生き続けた。

二人が出会ったのは右京大夫二十一歳、資盛十七歳の頃。家集『建礼門院右京大夫集』は、『源氏物語』さながらの華やかな宮廷絵巻から始まるが、後半に入るとその世界は一変する。西海に落ちていった平家を追いかけて、次々に「おそろしきもののふ」すなわち源氏の軍団がハイエナのように都を下ってゆく様、一ノ谷で敗れた平家の人々が変わり果てた姿で戻ってきたといううわさ、資盛の兄・維盛の入水の報。その間、資盛もまた、王朝絵巻の中の貴公子から戦塵の中で奮闘する勇敢な武将へと変貌を遂げるが、寿永四年の春、右京大夫二十九歳の時、遂に壇ノ浦で一門の人々とともに入水して果てる。それ以後、彼女は資盛の追憶に生きた。

かつて仕えた建礼門院は、壇ノ浦で入水したが源氏によって引き上げられ、都へ送還されていた。寂光院の傍らに庵を結んでひっそりと暮らす女院を尋ねて、右京大夫は秋深い大原を訪れ再会を果たすが、国母と仰がれた人の変わり果てた姿を見るに忍びない。かくものを思わせる都を離れ、比叡山の東坂本まで旅に出る。しかし都を離れても心の中に住む恋人は生き続けていて、ここでもやはりものを思わずにはいられなかった。

＊　＊　＊

ところがその旅先で、右京大夫はそれまでに見たことのない光景を目にする。
十二月一日、雨ともなく雪ともなく散る夜が更けた頃であった。彼女はふと目を覚ます。

ひきかづき臥したる衣を、更けぬるほど、丑二つばかりにやと思ふほどに、ひきのけて、空を見上げたれば、ことに晴れて、浅葱色なるに、光ことごとしき星の大きなる、むらなく出でたる、なのめならずおもしろくて、花の紙に、箔をうち散らしたるによう似たり。こよひ初めて見そめたる心地す。先々も星月夜見なれたることなれど、これは折からにや、殊なる心地するにつけても、ただ物のみおぼゆ。

月をこそながめなれしか星の夜の深きあはれをこよひ知りぬる[*4]

それまでの和歌の伝統では、星の歌といえば、天の川に隔てられた牽牛と織女が一年に一度逢うという、七夕伝説に基づいたものに限られ、星空そのものの美を詠んだ歌はなかった。右京大夫自身も、五十一首もの七夕の歌を遺している。

しかし、世の激動と、人々の過酷な運命の転変を、嫌というほど見せつけられ、また味わって来た彼女が空を見上げた時、伝説のロマンスはもはや頭に浮かびようがなかったのだろう。資盛のことすら忘れていたかもしれない。

ただ無心に夜空を見上げた時、悠久の天に広がる闌干たる星々だけがあった。それは新しい素粒子の発見と同じく、新たな美の発見だったのだ。

生涯

モーパッサンの小説『女の一生』の原題は、「ある生涯」と訳すべきものだったが、作家広津和郎が翻訳した際に用いた「女の一生」という呼称が、いかにもこの小説にふさわしいというので定着したという。しかし、一人の女を主人公としながら、あくまで「ある生涯」、すなわち男女の差異を超えたところにある、一個の人間の生を描こうとしているので、こちらの題も捨てがたい。

日本の古典にも、「女の一生」あるいは「ある生涯」と題してよい作品がいくつかある。『蜻蛉日記』もその一つ。平安時代中ごろの人、藤原道綱母は、受領層の家に生まれ、後の摂政太政大臣藤原兼家と結婚し、一男道綱をもうける。しかし、その後の結婚生活は苦渋に満ちたもので、後年になって振り返って見れば、わが身を「あるかなきかのかげろふ」――価値のないもの、いてもいなくてもよいもの――と見なさずにはいられなかった。その、結婚前後から二十年余りの半生を綴ったのが『蜻蛉日記』である。

モーパッサンの『女の一生』の前半に描かれているのは、何一つ不自由ない生活を送っていた、世間知らずの中流貴族の娘が、結婚して初めて味わう人生に対する幻滅であるが、『蜻蛉日記』もこれと似たところがある。

道綱母は、書き出しで、これから書くのは容貌も人並みでなく、思慮分別も足りない自分の半生だが、物語によくある絵空事ではないと述べている。彼女も、中流貴族の娘として生まれ、侍女にかしづかれて何一つ不自由のない生活を送っていたことだろう。少女の頃は、物語を読んで自分を主人公に擬する空想にふけることもあったに違いない。兼家のような男は、そんな彼女が憧れていい人物だった。いわば玉の輿に乗ったのだった。ところが、夢は破られる。その半生は、結婚に幻滅し、その後は他の妻に正妻の地位を許し、それでも夫の愛を求め続け、それが思う通りに得られないことに苦悩した末に、床離れ（離婚）に至るという不幸なものだった。

＊　＊　＊

しかし、ここが面白いところだが、道綱母の筆を通して見る当の兼家は、決して冷たい男のイメージではない。それほど自分を悩ませた張本人を、道綱母は決して憎悪の対象としては描いていない。傍若無人で厚かましいところはあっても、道綱母に対してはちゃんと歌を返し、無沙汰をすれば下手な言い訳もし、不意に訪れては冗談を言いながら機嫌を取る。病気の際にも、人目をはばからず道綱母を自邸に呼び寄せて一晩を過ごし、昼まで引き留め、西山に籠もってしまった時は、すばやく対処、遠くから見守り、面倒は見ながら、ある日ずかずかと入って来て連れ戻す。その際にも冗談を忘れない。することはきちんとして、いっこうに悪びれたところがなくけろりとしており、むしろ道綱母を「すっかり包み込んでしまう」[*5]大きささえ感じられるのである。『蜻蛉日記』の中の兼家は、思いのほか開放的なイメージを持っている。これはどういう訳だろうか。

考えてみれば、私たちが書く「日記」も、事実ありのままとは言えず、必ず自分を離れた所に置いて書いている。自分しか読まないはずなのに、どうしても書けないことや、都合に合わせて思ったことや起こったことの順序が入れ替わったりするものである。そこには多少なりとも現実の再構成がある。『蜻蛉日記』も、歳月を隔てて顧みた自分と周辺の人々の姿を、読者を意識して再構成して書いたものだから、そこにはいわゆる「虚構」が入り交じっていておかしくない。時には脚色され、時には誇張され、時には事実を曲げて描かれている側面がある。苦悩も嫉妬も悲哀も書いてあるが、それらは一度「時間」というフィルターを通っている。事実そのままであるとは限らないのである。作者は書き出しで自分のことを「人」と称しているが、自分のことを三人称で呼ぶのは、そもそも物語的な発想なのだ。

兼家像の開放的なイメージも、彼が自分を拒む道綱母のまねをしてからかったり、彼女が不実を恨んで籠もった寺から帰ったあと、「あまがへる」（雨蛙＝尼帰る＝尼になりそこねる）というあだ名をつけたりするところ、あるいは、作者が兼家の冗談を「天下《てんげ》の猿楽言《さるがうごと》」（ひどいざれごと）と評し、四つになる道綱が、兼家がいつも言い残す「今来《こ》むよ」（そのうち来るよ）という言葉を覚えてしまい、しきりに口まねするあたり[*6]からも生まれているが、このようなおかしみのこもる点描を、むき出しの嫉妬と嫌悪の後にちゃんと添えている。読者を意識しての戯画化とすら見えてくる。

＊　＊　＊

『女の一生』の後半は、運命に見捨てられた不幸な女というストーリーを枠組みとしながら、その絶望や悲惨の中に、甦りへの期待、あるいは不屈の人間への信頼を、時に笑いを取り混ぜて描いている。その笑いは、ジャンヌや、彼女を不幸のどん底に陥れた夫ジュリアンの戯画化によるものである。『蜻蛉日記』も、枠組みとしては「運命に見捨てられた不幸な女」があり、しかしその中に、事実か否かは別として「大きな男」に愛された幸福を——ここはジャンヌと異なるところだが——、時に男や女自身を戯画化して描いている点で似ている。決して満たされることのない苦悩の日々の中に、強い自我の表現があり、それを包み込む男の「大きさ」があり、笑いがある。
確かに不幸であったと言うべきその半生を描く時に、道綱母は単なる不幸な「女の一生」であったという印象を、読者に与えたくはなかったのではないだろうか。『女の一生』の巻末に、主人公ジャンヌが、辛酸をなめ尽くして老境に達した時、古い暦を見つけて「自分がこれまでにしたことを、ほとんど日を追ってふたたび見たい」という妄執にとらわれる場面が出てくる。仮にジャンヌがそこで回想記を書くことを思いついたら、フランス版の『蜻蛉日記』になるだろう。『女の一生』は、ジャンヌの召使ロザリの言葉で結ばれている。

世の中って、ねえ、人が思うほどいいものでも悪いものでもありませんね。*7

この言葉で『蜻蛉日記』が終わっていても、あながち不思議ではない。

老い

老いとは何だろうか。そんなことを考える年になった。誕生日を迎えた時には、何歳になったのと家族に聞かれるわけだが、実年齢から十年差し引いて教えることにしているので、父親の年を正確には知らない子供たちなどは、とまどいを覚えるらしい。この間、十一歳若い某スターの年齢が話題になったので、「なんだお父さんとひとつしか違わないじゃないか」と言ってみたのだが、反応はなかった。ただ不思議なもので、そうやって十年引いて年を数えていると、自分がその年でもおかしくないかのように思われてくる。

周りを見回せば、かつての「お年寄り」のイメージは一変している。たまたま近所の七十七歳の男性の方と坂の多い道を一緒に歩いた。ほとんど歩く速さは変わらず、二十ばかり年下になる私と肩を並べてよもやま話をしても息は切れない。毎年夏にお会いする八十七歳の方も、すっと背筋を伸ばしてしなやかな足取りで歩き、車が近づいて来ると、小走りで道路を渡り切る。一年前とさほど変わらない身のこなしに驚かされる。いつだったか、百歳の時、一〇〇メートル競争でそのクラスの世界新記録を出したという人が新聞に載っていて驚いた。この人は、毎朝五時に起き、朝食後は三キロの砲丸を入れたリュックを背負って公園へ行き、ランニングや砲丸投げの練習をするそうで、日々の鍛錬の賜物と言える。百歳以上が六万人という、かつて経験したことのない時代である。いずれ「年甲斐もなく」という言葉が死語になる日が来るのだろう。

＊　＊　＊

「青春文学」に対して「老年文学」と呼ぶべきものがあるという。「現代人には、『老』という語に接すると反射的に老衰、老朽、老耄というような、老年のもつ否定的側面のみを連想する傾向があり、老醜を知って老美を知らず、若さは善、老いは悪という図式が定着している感がある」[*8]と、この提唱者は述べ、鴨長明、兼好法師、芭蕉、森鷗外の作品など「おおむね初老以降に創作されかつ普遍的な老年の性情がただよっている文学」を老年文学と呼んで、「老年の性情」を肯定的に評価している。鴨長明の『方丈記』（一二一二年）は、書かれたのも作者の最晩年（五十八歳）であり、内容もいわゆる無常観や諦観といった「普遍的な老年の性情」が漂っているという意味では「老年文学」の代表作と言える。

しかし、「ゆく川の流れは絶えずしてしかももとの水にあらず」[*9]に始まる冒頭、それに続く前半の大火、大地震、辻風、大飢饉、遷都といった大事件の描写は、「老年文学」の枠をはみ出している。激動するこの世の有様を高い視点から見渡した上で、その実像を克明に描いているが、これらは作者が二十三歳から三十一歳にかけての出来事であり、それを回想しながら追体験するかのような書きぶりである。そこには、濁流が一気に押し寄せるようにして、目の前で世界ががらりと変わってしまう有様に対する強い関心がある。単なる過去の体験ではなく、いわばその惨状の中に飛び込んで、刻々と変化する状況を報道するカメラマンのような姿勢がある。

また閑居の楽しみを述べた後半はどうだろうか。代々下賀茂神社の社家であった鴨氏に生まれ、恵まれた幼少期を送った長明は、父の死後神官としての昇進の道を閉ざされ、失意の生活を送る。三十歳の頃、それまで住んでいた大きな家を維持できずに出て、その百分の一の広さの家に住み、五十歳の時に出家したあと、六十歳で以前の百分の一にも及ばない一丈（約三メートル）四方の小屋に住んだ。当時としては、すでに老境に達したと言ってよい年だが、ずいぶん思い切ったことをしたものだ。この小屋は解体・組み立て自在で、好むところへ移り住むことができた。都の誰彼が死んだ、どこそこの家が焼けたなどという知らせが耳に入るにつけて、この「仮の庵」だけが安穏で恐れるものもなく、静かなことが希望であり、憂いのないのが享楽だと言う。漂泊も定住もせず、既成の価値の上に安住することを拒絶し、厳しい環境にあえて身を置いて生きたと言える。彼は世俗的な意味で敗北したが、決して自分が敗北したとは思っていないようだ。自らをヤドカリに喩え、手と足が自分の召使いだと述べているところなど、老人の不敵な面構えさえ思い浮かぶ。

このように、激しく移り変わってゆく様への生き生きとした関心や、既成の価値観に対する捨て身の反抗あるいは向こう見ずさといった若さの特徴も『方丈記』には見出せる。鴨長明は戦っていたのだ。そういう意味で、先の「老年文学」という語には、「戦う老人の文学」という、もう一つの意味もつけ加えたいと思う。

＊　＊　＊

ヘミングウェイの『老人と海』（一九五二年）やメルヴィルの『白鯨』（一八五一年）も、まさしく「戦う老人」を描いている。『老人と海』の主人公は、年老いた貧しい漁師サンチャゴ。妻を亡くし、方丈ならぬ部屋一つの小屋に独りで住んでいる。痩せて骨張り、首筋には深い皺が刻まれているものの、肩のあたりにはまだ力がみなぎっていた。訪ねて来るのは彼を慕う少年マノーリンのみである。運に見放され、八十四日間ものあいだ魚は一匹も釣れない。ある日、獲物を求めて遠く沖へ出ると、大きな魚がかかる。浮上するのを待って沖合はるかに曳航されること三日、遂に魚は姿を現す。それは想像を超える巨大なカジキだった。ひと冬越せる値打ちがあると思われた。ところが、帰り路に、血を嗅ぎつけたサメが何頭となく襲いかかり、次々にカジキに食らいついてゆく。老人は渾身の力を振り絞って撃退しようとする。最初に襲って来たサメを銛で突き殺したあと老人は思う。

いいことは続かねえな。いまとなっては夢ならよかった。この魚を引っ掛けることもなく、一人で新聞紙の上に寝ていればよかった。「だが、人間、負けるようにはできてねえ。ぶちのめされたって負けることはねえ。*10」

面白いのは、このあとサンチャゴが、魚を殺すのは罪か否かを考えている所で、カジキを殺したのは生きるためだけでなくプライドも賭けてのことだったとか、魚が魚に生まれついたように漁師は漁師に生まれついたとか、あるいは、どんなものでも何かしら殺して生きているといった、哲学的な問題にとらわれるのである。それらは諦観や無常観の起点となり得るものだ。「戦う老人」の中に「普遍的な老年の性情」の萌芽が認められるのである。

『老人と海』は、ヘミングウェイ五十二歳の時の執筆で、『誰がために鐘は鳴る』から十一年が経っていた。これ以降は災厄と病気に見舞われ、六十一年の生涯で遺した最後の代表作となった。

鴨長明が戦った相手はサメや鯨ではなかったが、『方丈記』のどこかにも「ぶちのめされたって負けることはねえ。」と書いてあるような気がする。

ミステリー

古いTV番組であるが、『刑事コロンボ』は、犯人が初めから視聴者にはわかっていて、それを刑事が追いつめてゆくドラマ。何年か前に再放送されて、往年のファンだった私はほとんどを録画した。犯人も、犯行動機も、トリックも、最後に犯人が逮捕されることも全てわかっていて、それではどこが面白いのかと言えば、その魅力は主役のピーター・フォークと、声優小池朝雄の声や話しぶりもさることながら、いわゆる「倒叙法ミステリー」に共通の性格によるところが大きいだろう。

そこでは、ある罪を犯す人間が登場し、人目を欺き悪事を覆い隠して、処罰を免れようとする。ところが、ふとしたことからその策略がほころびを見せ、犯した罪に戦く。アリバイやトリックの巧妙さ以上に、そのアリバイが崩れ、トリックが見破られてゆく過程で、犯人のある種の人間らしさが露呈するところに面白味がある。

ところで、小説にはストーリー型・プロット型という二つの型があると言われている。二つの型の違いはand（それから）とwhy（なぜ）にあって、ある出来事があって、「それから」次の出来事を紡ぎ出してゆくのがストーリー型、ある出来事が起こったのは「なぜか」と言えば、他の出来事があったからだと因果関係を明らかにしてゆくのがプロット型である。前者は、「それからどうなる」という興味に引かれて読むのに対して、後者は「なぜ」と出来事の意味を読者が問いかけながら読むことになる。「それからどうなる」のかがわかってしまうと、他に別の動機がなければ、もう一度読む気にはならない。これはストーリー型。ストーリーは承知していても、もう一度読み返したくなったり、途中で読むのをやめて、どういうことだろうと考えてみたくなる小説がプロット型とも言えるだろう。実際には、どんな小説も二つの要素を併せ持っているだろうが、こんな視点でミステリーを見てみると、興味深い。

ミステリーは後者のプロット型のように見えるが、やはりストーリー型である。ある謎の事件が起こり、真相の解明を目指して「それからどうなる」という興味で読ませる。謎はあらかじめ与えられているから、読者が「なぜ」と問う必要はなく、読むにつれて謎は謎でなくなってゆく。初めから真相がわかってしまってはもう読む価値がないので、終わりの方は決して覗かない。

これに対して倒叙法ミステリーの場合、ある事件は謎ではなく、真相は始めからわかっている。そして、その事件がなぜ起きたのかが、別の出来事によって明らかになってゆく。謎は与えられていないので、読者自身が「なぜ」と問わなければならない。それはおのずから犯人の心理や行為の意味を考えることにつながっていて、表向きの事件よりも、むしろ人物造型の方が重要になってくる。『刑事コロンボ』も、犯人の人物像に人を惹きつけるものがある。犯人はたいてい「上流」に属する人物であるが、それゆえの魅力ではなく、隠された醜悪な部分を曝け出すために生ずる魅力である。

＊　＊　＊

悪事は文学作品の主要なテーマである。人間は誰しも醜悪な部分を持っており、自分の中にもあるその醜悪な部分を覗いて見たいという欲求があるのだろう。

ミステリーの創始者と言われるエドガー・アラン・ポーの短編「黒猫」は、妻殺しの男「私」が主人公。明日絞首刑となる身だというこの男は、死ぬ前に「魂の重荷を下ろし」[*11]ておきたくて、殺人を犯すに至った経緯と、それを隠蔽した手口、そして自分の犯行が警察に知られるに至る事情を書き遺す。名高いドストエフスキーの『罪と罰』も、殺人を犯した大学生が主人公である。これらの小説は、指摘されているように倒叙法ミステリーのような趣を持っている。

殺人ではないが、『源氏物語』の女三宮の話も、倒叙法ミステリーとして読める。光源氏の正妻・女三宮が、青年柏木と通ずるのだが、もちろん源氏は初めその事実を知らない。当事者である柏木と女三宮、手引きした小侍従、そして読者だけが真相を知っている。

柏木がこの事件を引き起こすきっかけとなったのは、ふとしたことから女三宮の姿を垣間見た出来事である。女三宮が飼っている猫が部屋の中から飛び出し、首に繋がれていた綱で簾の端がめくれて、女三宮の立ち姿が目に入る。若者たちの蹴鞠を、たしなみも忘れて立ち上がり、簾越しに眺めていたのである。垣間見た柏木は恋の虜になり、せめてものなぐさめに、親しくしている猫好きの皇太子がその猫を欲しがるように仕向け、その皇太子から借り出すという手の込んだ手口で手に入れ、愛玩する。

しばらくして、光源氏の最愛の人、紫の上が重い病気にかかり、もと住んでいた家で療養することになる。源氏が、紫上にほとんど付ききりになり、自邸を留守にしていた間に事件は起こる。女三宮は懐妊し、それを聞いた源氏は、事実であるかどうかを怪しむが、まもなく、偶然女三宮の自室で柏木の手紙を目にして、密通によるものであることが判明する。光源氏が思いがけず部屋に入って来た時、女三宮は手紙を敷物の下にあわてて隠したのだが、端がはみ出ていたのに気づかなかったのである。

仮に、この話が通常のミステリーのような筋立てだとしたらどうだろう。女三宮に子供ができる。周囲が喜ぶ中、源氏だけはどうも怪しいと疑う。彼女の周辺を調べていくと、飼っていた猫が周到に借り出されていることがわかり、柏木が容疑者としてが浮かび上がる。そして、ある時、女三宮宛の男の手紙を偶然発見した源氏が、筆跡やら中味から推理した結果、彼が真犯人だとわかる——。この場合、読者の関心は、誰が女三宮と通じたかという一点に絞られ、それが解明されれば話は終わりである。柏木・女三宮の苦悩、源氏の苦悩は描かれていても、掘り下げる必要はない。

これに対して、「柏木」一帖は、悪事が露顕してから後の柏木の苦悩に山場がある。絶望という「死に至る病」にかかった人間が自滅してゆく過程を冷徹・克明に描いて、『源氏物語』の巻々の中でも出色の出来映えとなっている。柏木の最期は、「泡の消え入るやうにて亡せ給ひぬ*12」と記されているが、この一文を記すべく紙に筆を下ろした時の、紫式部の心境はどんなだったろうか。恐ろしい作者である。

＊　＊　＊

とある日に、レンタルビデオショップで何巻も並んでいる『刑事コロンボ』を見かけた時、全て録画したはずの番組の中で、たった一つ、どうしたわけか漏れているものがあることに気づいた。見逃していたのだ。私は、それをほかの誰かに借りられまいとするかのように、棚からすばやく抜き取るや否や、小走りにカウンターへ持って行って借りた。しかし、レンタルでは十分に見た気がしない。不思議な心理である。どうしても自分の手元に置いておきたくて、その一本だけを購入した。

題は『別れのワイン』。何よりもワイナリー経営者の犯人が実に魅力的で、『刑事コロンボ』の中でも指折りの名作と言ってよい。

楽

コンサート

読書の秋は、音楽の秋でもある。ＮＨＫの浜松支局が所蔵するＳＰレコードを、解説付きで演奏する小さなコンサートに出かけた。浜松市立城北図書館で、九年にわたって行われて来た催しで、講師は声楽家の古屋豊氏。ＳＰレコードは、浜松支局が全国の支局から「集約して一括管理」しているものだそうだ。

市立図書館所蔵のＣＤは、クラシックを中心に、大抵の曲は演奏家や指揮者などを選ばなければ聴くことができるので、しばしば利用してきた。だが図書館で音楽の演奏を聴くのは初めてだった。会場は講座室で、前の方に大きなスピーカーが二台置いてある。この日は、シベリウスの「フィンランディア」、シナトラ「夜も昼も」から四国民謡「金比羅船々」まで幅広い選曲で、古いレコードの音が味わい深かった。

何年か前のことになるが、蜆塚遺跡の博物館を会場に、チェンバロの演奏が行われたことがある。高い壁に半ば囲まれた一角、石畳ふうの床に椅子を並べただけの会場であったが、演奏者の背後には大きなガラス張りの壁面があり、その外に遺跡の緑鮮やかな木立ちが見えて、なかなかいい雰囲気だった。普段さほどチェンバロを聴くわけでもないが、このような、どこかヨーロッパの古い石造建築を連想させるような空間で聴くと、またひと味違った魅力が醸し出される。子供の机ほどの小ぶりな古楽器の音色にしばし時を忘れて耳を傾けた。

浜松市立楽器博物館の「天空ホール」も、地下の楽器展示場の一角に名を付けたもので、大理石を模したような高い壁面に半ば囲まれ、固い床の上に椅子を並べただけの会場である。やはり同様の効果を期待したものだろう。

　コンサートとは無縁の場所が、そこで演奏される音楽に新鮮な響きを与える。同時に音楽が、そこをいつもとは異なる特別な空間に仕立て上げる。何の変哲もない空間が音楽に生気を吹き込み、また音楽が何の変哲もない空間を彩るのである。

＊　＊　＊

　もう何年も前になるが、梶村啓二という当時無名の作者の書いた小説が日経小説大賞を受賞し、新聞の書評に取り上げられた。これまでの経験によると、華々しい宣伝文句とともに世に出た本には、見たところでどうということはないTV番組に毛の生えた程度のものが多い（もちろんすべてがそうだというわけではない）。だから、いずれ半年も経てばほとんどが二束三文で叩き売りにされ、紙屑同然に扱われるであろう新刊には、手を出さないことを信条としている。しかし、たまに欲望が信条に打ち勝って手を出してしまうことがあり、この本を手にした時がそうだった。『野いばら』という素朴なタイトルに惹かれたのである。日本の醸造会社の社員が、イギリスへの出張中に、たまたま百五十年前のある英国海軍士官の手記に出会い、借り出してホテルで読みふけるという設定。そこには海軍士官「わたし」の、日本で過ごした際の回想が綴られていた。「わたし」は、生麦事件直後に、幕府の軍事情報探索を命じられて、攘夷に殺気立つ日本に渡ったのだが、武家の女、成瀬由紀に日本語を教授してもらううちに、互い惹かれ合う関係になる。

物語の中程に、二人だけの教室として使っている禅寺の講堂で、「わたし」が由紀を前にヴァイオリンを弾く場面が出て来る。少々長いが引用する。

「菊合わせのお礼です。ヨーロッパの音楽を聴いてみてください」

ユキは黙って離れた場所からわたしを見ていた。返事を聞くつもりはなかった。何を弾くべきか考えるまもなく、そこにあった楽譜を開き、開いた場所にあったバッハの無伴奏パルティータ第二番の最初の曲、アルマンドを弾き始めた。最初の音が講堂の高い天井に響いたとき、なぜこのような短調の曲を選んでしまったのかと後悔した。だが、速度を落としてゆっくりと弾き進むうちに、むしろ明るい曲よりも心が鎮まっていくのがわかった。明るい林の中を、冷たい風が梢を揺らしながらゆったりと吹き抜けていくような旋律だった。決して言葉で語られることのない自然の秘密がひそやかに開示されていった。自ら弓を動かしながら、今この音を聞きたかったのはじつは自分だったのだと気付いた。少しでも彼女の心に場所を占めようとした絶望的なもくろみを超えて、つぎつぎと浮かび上がる予期せぬ音の風景にあらためてわたしは救われていった。

最後の一音が虚空に吸い込まれていった。ほんの五、六分の出来事だった。

ようやくユキの姿が目に入ってきた。彼女は目を閉じていた。頬に涙の筋が光っていた。わたしが見ていることを感じたのか、顔を隠すようにすこし下に傾けると涙が雫になって彼女の膝にぽたぽたと落ちた。[*13]

この時「わたし」は寺の講堂の隅に立ってヴァイオリンを奏でている。由紀は「講堂の高い天井」の下で、着物を着て折り目正しく板床に正座し、初めて聴く異国の楽器の音に耳を澄ませている。西洋の音楽に縁のない幕末日本の一女性が、寺で演奏されるバッハの名曲の一楽章に心を揺り動かされる場面で、この取り合わせは絶妙である。

この寺や、住居となる家に初めて案内された時、「わたし」は、「隅々まで細心の注意を尽くしたはての簡素さがもたらす清潔で完璧な美があった」と感想を記している。バッハの無伴奏パルティータにそのまま当てはまるような言葉で、寺の講堂の空間がまさにこの曲のためにあるかのように思わせる。同曲を建築にするならばこの寺となり、また一仏教寺院がヴァイオリンのためのコンサートホールに一変したというところであろうか。

雑音

耳元という小さな空間に、常に膨大な量の、雑音とは無縁の音楽が用意されていて、いつでもどこでも、何でも聴けるという時代である。コンサートホールでの生演奏は盛況であるが、一方では自分が望む限りの曲を所有して、好きな時に好きな場所で好きな曲を、高音質で聴ける環境が整っている。

これは、まだアナログレコードが全盛だった時代、ある場所で、ある時間に、ある曲目しか聴けなかった頃の物語である。宮本輝の小説『錦繡』は、蔵王のダリア園から、ドッコ沼へ登るゴンドラ・リフトの中で、まさかあなたと再会するなんて、本当に想像すら出来ないことでした。[*14]

という書き出しで始まる。主人公勝沼亜紀が、裏切られて離婚したかつての夫と、偶然同じリフトに乗り合わせる。二人の間で手紙のやりとりが始まり、その中で過去の事実が次第に明らかになってゆくという筋立てである。亜紀の手紙の中に、離婚したあと通い始めた喫茶店の話が出てくる。店の名は「モーツァルト」。「山小屋が一軒ぽつんと建っている」ふうの店構えで、六十歳ぐらいの夫婦が営んでいる。主人は、十六歳の時モーツァルトの音楽に出会って夢中になった。戦争で出征し、終戦後は銀行員を勤め上げて退職、長年の夢だった、モーツァルトしかかけない喫茶店を開いたのだった。集めたレコードは二千三百枚。クラシックに興味のなかった亜紀だが、店へ通うにつれてモーツァルトの音楽にのめりこんでゆく。ところが半年後のある日の夜中に、喫茶「モーツァルト」は火事で全焼し、レコードも全て灰となる。帰宅した亜紀は、一人眠れぬままモーツァルトの交響曲に耳を傾ける。

生きていることと、死んでいることとは、もしかしたら同じことかもしれない……。なぜ私はモーツァルトの音楽から、そんな突拍子もないことを考えたのであろうかと思いました。そして、先程御主人が、燃え尽きた自分の店の前で私に言った言葉を思い起こしたのです。私は決して言わなかった言葉。かれが私の突拍子もないセリフから勝手に創り出した言葉。宇宙の不思議なからくり、生命の不思議なからくり。まだ若い女の私には、それほど心魅かれる言葉ではありませんでした。ですが、モーツァルトの三十九番シンフォニィの、さざなみのような調べが、しんと静まった夜更けの寝室の隅々にまで、ひたひたと打ち寄せてゆくのが感じられるに従って、私はその言葉が、人生にちりばめられた無数の秘密をいちどきに解明してみせる何か途轍もない手品の種みたいな気がして来たのでございます。

二千三百枚のレコードでは、置き場にも困る。小さな店のあちこちに、所狭しと並んでいたに違いない。それがすっかり焼けてしまう。また、亜紀が一人で聴くのも一枚のレコードで、埃をぬぐってターンテーブルに置き、針を降ろし、ジジジという音と共に楽曲が始まったはずである。この喪失感と救済の感覚は、ともにアナログレコードの時代でなければ生まれ得なかったと思う。

＊　＊　＊

先に図書館のＳＰレコードコンサートに出かけたと書いた。この、ある意味で反時代的なコンサートが始まると、まず聞こえてくるのは録音機器がまだ未発達だった時代特有の雑音である。ジジジという音が前触れのように会場に響き始め、その中から絞り出されるように音曲が現れてくる。演奏中も絶えず雑音が混じり、雑音と一緒にメロディを味わうことになる。

しかし、古いレコードの雑音は、何とはなしに懐かしい温かみを感じさせる。この地上の世界は様々な音に満ちている。私たちは聴覚が捉えうる限りの音は捉えて、それらの音と共に生きているから、音のないのは不自然なのだろう。わざわざコンサートに出かけるのも、開演前から演奏中、休憩を挟んで終演に至るまでの間に耳に入って来るはずの音、話し声やら物音やら、ステージにも客席にも満ちている種々雑多な音に囲まれていたいからではないだろうか。音楽は、様々な音に満ちているこの地上で奏でられるもので、そこから切り離されると、人工的な音、純粋ではあるが作り物めいた音として響くのだ。

ところで、ある曲の演奏を再現するような描写を持つ文学作品は少なくない。『野いばら』もその一つである。ずっと遡れば、平安時代の作品、例えば『源氏物語』のここかしこにも楽器演奏の描写がある。

＊　＊　＊

光源氏の邸宅、六条院で音楽会が催された（若菜下）。光源氏に関わりの深い四人の女による琵琶、和琴（六弦琴）、箏の琴（十三弦琴）、琴《きん》の琴（七弦琴）の弦楽四重奏である。女たちは容姿や着物だけでなく、住まいや絵や香でも、またこの演奏会のように、音楽でも美を競った。演奏する場面の前後には、女たちと、それぞれに仕える童子らの華やかな装束、梅の香りや焚きしめられた薫香が辺りを漂う様も描写されている。四人の女を、聴覚のみならず、視覚や嗅覚にも訴える方法で対照させており、それぞれが響き合い、映じ合って、立体的な美を生み出している。『源氏物語』の美の競演のシーンの中でも、最も精緻に組み立てられた場面である。

音楽が言語で表現されると、当然のことながら雑音は混じらない。そこで言語を通して読者が思い描く音楽は、この上なく純粋な、文字通りこの世のものならぬ音楽である。そういう点で、『野いばら』のヴァイオリンも『源氏物語』の弦楽四重奏も、まるでCDを聴いているかのようである。しかし、中には雑音も描く演奏場面がある。同じく『源氏物語』賢木の一節。

はるけき野辺を分け入りたまふよりいとものあはれなり。秋の花みなおとろへつつ、浅茅が原もかれがれなる虫の音に、松風すごく吹きあはせて、そのこととも聞きわかれぬほどに、物の音ども絶え絶え聞こえたる、いと艶なり。[*15]

生霊事件ののち、六条御息所は、光源氏への執着を断ち切ろうとして断ち切れぬまま、斎宮となった娘とともに伊勢へ下ろうと思い立つ。それを知った源氏が、嵯峨野の野宮にいる御息所を訪ねて、晩秋の野原へ分け入ってゆく場面である。「物の音ども」とあるのが、野宮から聞こえてくる楽器演奏の音で、辺りの虫の音や松風の音に紛れてはっきりと識別できないほどの、かすかな旋律である。六条御息所の声ならぬ声でもあろうか。ここでは、旋律に雑音が混じるのではなく、むしろ雑音の中を旋律が流れている。雑音は、旋律にとってなくてはならないBGMなのである。

＊　＊　＊

勤務先の高校の図書館で、リコーダーの演奏会が行われ、図書館の催しとしては例年になく多くの人が集まった。アマチュアグループ「積志リコーダーカルテット」による演奏は、ルネサンス期から現代までの音楽の歴史を展望する幅広い選曲で、技術の高さもさることながら、演奏の合間のわかりやすい解説もあいまって、一時間余りがあっという間に過ぎてしまった。中程で『卒業写真』が演奏された時、折しも風雨が強まり、窓の外からその音がかすかに聞こえてきた。しかし、その「雑音」はむしろ『卒業写真』にふさわしく、私は人知れず、懐かしいメロディに雨風の音を重ねて、しみじみとした気持ちになっていた。

声

父は野良仕事から帰るとよく風呂につかりながら歌を歌った。「箱根八里」「からたちの花」など日本の唱歌で、その声が風呂場から茶の間に聞こえてくるのは珍しいことではなかった。戦前、まだ独身のサラリーマンだった頃は、下宿で蓄音機にレコードをかけて聴くのと、友人と碁を打つのが楽しみだったという。大抵はベートーヴェン、シューベルトといった西洋の古典的な作曲家で、終戦後、家に帰って農業を継いでからも、その趣味は続いていた。当時の多くの若者にとって、蓄音機を通して聴く西洋の「大作曲家」の音楽は、哲学書を読むのと同様の、真摯な態度を要求されるものだったのではないだろうか。そんな父が、一日の労働を終え、家でほっとくつろぐ時、自然に口をついて出るのは日本の唱歌なのだ。いかにも気持ちよさそうに、ひとしきり歌ってから、風呂から上がり、ビールを飲んだ。いつも飲むビールのラベルの絵の中に、「キリン」の三文字が隠れていることを私に教えてくれたのもそんな時である。

＊　＊　＊

「からたちの花」の作詞者北原白秋と言えば、「ペチカ」「この道」など、山田耕筰との黄金コンビで生まれた作がよく知られている。これらを収めた『からたちの花　北原白秋童謡集』（新潮文庫）は、昭和三十二年に出て、平成五年に復刊されたが今は絶版となっている。古書なら珈琲一杯の値段で買える。しかし、よくあることだが、この価格は中味にふさわしくない。白秋の代表作『邪宗門』は、日本の近代文学史上に欠かせない詩集であるが、私はむしろこの『童謡集』中のいくつかの作に、荒削りだが無垢な詩としての魅力を感じる。

からたちの花が咲いたよ。
白い、白い、花が咲いたよ。
からたちのとげはいたいよ。
青い青い針のとげだよ。[*16]

優しい言葉がゆったりとした調べに乗って流れてゆく。山田耕筰の自伝『青春の狂詩曲』(中公文庫)によると、耕筰は、父親の長患いで、九歳の時伯父の養子となり、活版職工として働きながら夜学に通っていた。工場でつらい目に遭うと、からたちの垣根まで逃げ出して泣いた。ひもじさに、畑の野菜を生のままかじりながらからたちの実を食べたこともあった。そんな思い出をもとに、北原白秋が作詞したのだという。

小さな子供でも理解できる言葉で、大人の心をもつかむのは難しい。たとえば「赤い鳥小鳥」は、

赤い鳥、小鳥、
なぜなぜ赤い。
赤い実をたべた。

で始まり、白い鳥、青い鳥と、同じ問答が並んで終わる。考えてみると、人はなぜ人なのか、猫はなぜ猫なのか、というのと同じ難問で、これに即答できる人はい

ないだろう。問うこと自体に意味があり、答はないのかもしれない。ところが白秋の詩は、いとも簡単に答を与えている。小さな子供の発想は、時に現実をはるかに超越する。ユーモラスで温かく、これ以外に答は要らないと思う。もしかしたら、本当にそうなのかもしれないとさえ思われてくる。「白い鳥」という短い作もある。

吹雪の晩に
凍えた鳥か、
白い鳥が一羽
紅い果銜えて、
空の方向いて死んでいた。

なぜ紅い実をくわえていたのだろうか。なぜ空の方を向いて死んでいたのだろうか――。これに曲のついた歌があるのかどうか知らないが、一筋縄ではいかない詩である。

＊　＊　＊

ところで、北原白秋と同じ頃に生まれた作曲家、信時潔に、交声曲（カンタータ）「海道東征」がある。この曲は、『古事記』『日本書紀』に描かれる、いわゆる「神武東征」に題材を求めている。もちろん神武天皇は神話中の人物で、日向の国に天から降った神の子孫が、王として国を統治するにふさわしい土地を求め、東を指して遠征する話である。建国にまつわる神話・伝説の類は世界中にあり、これもその一つであって、これに基づいた歌詞には英雄叙事詩のような詩情が濃厚に漂う。この作詞者も白秋で、最晩年の作品である。

調べてみると、初演のレコードをCD化したものが市内の図書館にあることがわかり、借りて来て聴いた。昭和十五年の演奏で、ひどく雑音の混じった録音であるが、それをものともしないかのように、独唱・合唱の声がはっきりと響いて来た。歌詞の一語一語が、彫刻のように立ち現れて来る、澄み切った歌唱である。特に第一章と第八章の、国土の生成と王の即位を讃える荘重なメロディーは、西洋音楽の古典的な様式と、日本の伝統的な雅楽の旋律法を採り入れたものといい、心を揺さぶられる。そして、むやみに懐かしい。

しかし、「海道東征」を聴くたびに、一つの疑問が頭をもたげて来るのが常である。どこからこの「懐かしさ」が生まれて来るのだろうか。

遥かなり我が中空《なかぞら》、
窮み無し皇産霊《すめらむすひ》、

いざ仰げ世のことごと
天《あめ》なるや崇《たか》きみ生《あれ》を*17

といった、神話の世界の神とその「子孫」である王、すなわち天皇に帰依を求める言葉は、およそ「懐かしさ」とは無縁である。あるいは、

いざ討たせ　まつろはぬもの、
ひたに討ち、しかも和《やは》せや

といった、昭和十五年の初演当時は、日中全面戦争のさなかであり、日米開戦前夜だったという事実を重ね合わせると、聞くに堪えないような言葉が、歌詞には含まれている。これを聴く時、私は、無意識にそのような受け入れがたい暗い時代の

影を排除して、神話の世界のお話として聴いているのだと思う。

だからこの「懐かしさ」は、きっと澄み切った歌唱の声から来るのだろう。そして、その声の向こうには、風呂で歌う父の声が響いているような気がしてならない。

＊　＊　＊

父は戦前、岐阜県の現各務原市内の軍需工場で、飛行機の図面を引く仕事をしていた。戦争末期、空襲警報が鳴ると防空壕に避難するのだが、警報が鳴っても敵機の来ない日が続いたあと、空襲が現実のものとなる。警報が解除されたあと外へ出てみると、あちこちに死骸が横たわっていた。どうせ来ないだろうと防空壕に入らなかった人たちが犠牲になったのだった。記録によると、昭和二十年六月から七月にかけて、米軍爆撃機が十数回にわたって各務原付近を襲ったとある。地方都市が軒並み焼夷弾で焼き尽くされていた頃である。

父は、ビールを飲みながら、もしかしたらその死骸の中の一つになっていたかもしれないと話していた。父の声は、今も耳朶に残って離れない。

絵本

子供たちが小さい頃、毎晩のように絵本を読み聞かせた。少年少女向けの本を扱う出版社ほるぷの販売員が、「こりすコース」とか「きりんコース」といった絵本のセットを売りに来ていた。絵本は無数にあるが、こちらに選ぶ眼もなく書店へ行くのも煩わしい。一も二もなく買うことにした。その頃はまだネット販売というものもなかった。家に届いたのは、「みつばちボックス」という木箱。ぎっしりと絵本がつまっていて相当の重さがある。絵本というのは重いものだと思いながら、箱を抱えて二階の子供部屋へ運んだ。

その日から読み聞かせが始まった。箱に入っていたのは、国内外の初めて読む珍しい話ばかりだった。『ももたろう』など昔からある話は少ない。『はらぺこあおむし』『きょうはみんなでクマがりだ』『ぐりとぐら』『からすのパン屋さん』『せんたくかあちゃん』など、初めて聞く物語はどれも新鮮で、読んでいるうちに読む方も聞く方も引き込まれていく。中でも『きょうはみんなでクマがりだ』は忘れがたい。

きょうはみんなでクマがりだ。
つかまえるのはでかいやつ。
そらはすっかりはれてるし、
こわくなんかあるもんか！
おやぁ！　くさはらだ！
ながくてびっしりくさだらけ。

うえをこえてはいかれない。
したをくぐってもいかれない。
こまったぞ！
とおりぬけるしかないようだ！
カサカサカサ！
カサカサカサ！
カサカサカサ！[*18]

家族五人で犬一匹を連れて熊狩りに出かける。ところが熊狩りをするための道具、鉄砲やら網やらは一切持たず、普段着で、しかも父親は幼い子供を肩車している。男の子は、手に木の枝を一本持っているだけ。「きょうは」というから、その日の朝に思い立ったことらしい。遊園地にでも出かけるつもりで、熊を捕まえに行こうというのだ。草生い茂る原っぱを横切り、深くて冷たい川を渡り、重くて湿ったぬかるみを越え、大きな暗い森を通り抜け、大吹雪の中を進んでゆくと……

どこに住むどんな家族で、子供たちはこんな子で、名前は、といった情報は全て省かれている。もともとこの話は、英国のあそび歌の歌詞に基づいていて、それに絵をつけたのがこの絵本だそうだ。歌詞であれば、そういう情報はないのが普通で、詩を読むのと同じになる。それであらゆる人々がこの熊狩りの家族に自分を重ね合わせることになる。絵の中の人物の顔つきも素朴で、ちょうど『源氏物語絵巻』の人物に、それぞれ際立った特徴がないのと似ている。例の「引き目かぎ鼻」の人物像は、絵巻を見る者が感情移入しやすいように、あえて抽象的に描いたものだという見方があるが、その顔を連想させるようなイラストである。

この絵本を読んでいる時、私は、生まれて初めて世界を見る、子供の目でものを見ていたと思う。子供にとって時は永遠に与えられ、死によって失われるものはない。空間も無限に与えられ、地の果てに何があるかを知らない。そんな子供の心が、『クマがり』を読むたびに蘇るのだ。

＊　＊　＊

さて同じ絵本に飽きてくると、天井を仰いで子供を寝かしつけながら、ねだられるままに「お話」をして聞かせる。名作絵本と異なり、大抵はその場で思いつくでたらめで、筋は成り行き任せだった。――ある日、お父さんが机の引き出しを開けてみると、その中は真っ暗で何も見えません。手を突っ込んでみると、なんと、体ごと引き出しの中へ吸い込まれてしまうではありませんか。わあー……という具合で、それでも子供たちは、それで、それで、と続きを聞きたがる。――奥にはドアがありました。ドアを開けるとそこはエレベーターになっていました。ボタンがたくさんついていて、三十四階を押すと、たちまち到着です。ドアが開くとそこは千年後の未来の世界でした……今度は五十六階へ行ってみよう。何とそこは一億年前……恐竜たちは……そうこうしているうちに、寝息が聞こえてくるので、しめしめと話を途中で切り上げておしまいにする。

＊　＊　＊

これを童話というべきだろうか。『小川未明童話集』を初めて読んだのは、人の子の親となる前で、子育てとは縁遠い二十代半ば頃のことだった。巻頭に代表作「赤いろうそくと人魚」「野ばら」の二編が収められていて、折あるごとに繰り返し読んだ。「大きな国と、それよりはすこし小さな国とが隣り合っていました。当座、その二つの国の間には、なにごとも起こらず平和でありました*19」と語り出される、

「野ばら」。大きな国のある老人と小さな国のある青年が、兵士として派遣され、国境を定めた石碑を守っている。そこは「いたってさびしい山」で、旅人も稀である。他に話し相手もない二人は自然に親しくなり、うららかな春の日差しの中で将棋を指すようになる。寒い冬になると、老人はせがれや孫のもとへ帰りたいと言い、老人を慕う青年はそれを引きとめるが、やがて二度目の春が巡って来た時、二つの国の間で戦争が起こる……春に始まり翌春に終わるこの話は、たった四ページとは思えない密度を持ち、汲めども尽きぬ泉のような深みをたたえている。

小川未明の文章は折り目正しい。語り手が噛んで含めるように、ゆっくりと、穏やかに、丁寧に物語を語ってゆく。読むうちに、その語りの口調の中に取り込まれ、本を置いた後も、しばらくは頭にこびりついて離れない。「野ばら」も「赤いろうそくと人魚」も悲劇なのだが、この語り手の手にかかると、それを見下ろす高い視点に立たされる。

真っ暗な、星も見えない、雨の降る晩に、波の上から、赤いろうそくの灯が、漂って、だんだん高く登って、いつしか山の上のお宮をさして、ちらちらと動いてゆくのを見たものがあります。

幾年もたたずして、そのふもとの町はほろびて、滅くなってしまいました。

「赤いろうそくと人魚」の結びである。気高い言葉で滅びを描いて、人間の中で絶えず死にゆこうとするものを蘇らせるのだ。放っておけば滅びに傾斜してゆくもの、悲しみや苦しみ、愚かさや弱さ醜さであっても、それらを思いがけぬ角度から照らし出して生気を吹き込み、再び生を支えるものに変えてみせる。

何度でも、しかも声に出して読みたくなるのが古典だとすれば、この二編も「クマがり」も、私にとっての古典である。

蔵

図書館

たまたま立ち寄った書店の平積みのコーナーに、厚くて大きな一冊の本が置いてあった。『世界の図書館　美しい知の遺産』[*20]というタイトルの写真集である。オールカラー三二八頁という大冊は、両手で持ってもずしりと重い。表紙には、高い丸天井にフレスコ画が描かれたホールの写真が掲げてある。壁面は二階まで全て書棚で、革表紙の本で埋め尽くされ、フレームや手すりには華麗な金色の装飾が施されている。息を飲むような空間にしばらく眺め入った。

解説によると、プラハのストラホフ修道院の「哲学ホール」と呼ばれる一室である。裏表紙には作家司馬遼太郎の蔵書を収納する『司馬遼太郎記念館』の館内の写真が使われている。表とは対照的にシンプルなデザインで飾り気はないが、やはり高い天井のある大きな空間の壁面全体が本で埋め尽くされ、床に設けられた閲覧用の机がその壁面の谷間の底に小さく見える。

図書館は本を集めて保管し、閲覧するためにあるのだが、こんな光景を写真で見ると、その目的を超えて、造型としての書物と、それを収蔵する部屋の様式が持つ底知れぬ力を感じずにはいられない。単に色や形が美しいというのではなく、一冊一冊の本が独自の小世界を持ち、背表紙がその奥に蔵されている知の集積を無言のまま訴えかけてくるかのようである。

＊　＊　＊

この図書館というものの持つ魔力に魅入られて、世界の図書館を絵に描き続けている画家がいる。小川百合氏は「学生でもなく学者でもない、アカデミックな素養をもたない、絵を描くだけの人間」[*21]として、思いがけなくもオックスフォード大学で学ぶことになった。目的は図書館を描くことであったが、講義は自由に選んで聴くことができ、ハイテーブルでのディナーや教授の私室でのワイン付きセミナーにも出席した。その著書『英国オックスフォードで学ぶということ――今もなお豊かに時が積もる街――』には、学問のためにある、世界で最も「贅沢」な町で過ごした一年間が実に魅力的に描かれている。表紙には、同大学の著名な図書館、ボドリアン・ライブラリ（一六〇二年創設）の館内の一角を描いた著者の絵が用いてある。古色蒼然たる飴色の革表紙が天井まで並ぶ様が、モノクロに近い色彩で浮かび上がっている。

図書館の歴史は古く、紀元前七世紀の古代メソポタミアに遡る。日本でも古くから宮廷の図書寮等で書物や文書の管理が行われて来たし、自邸に図書室を持つ貴族もあった。藤原道長は読書を好み、日記によると蔵書が少なくとも三千冊はあったし、紫式部も自宅にあった学者の父の蔵書に囲まれて育ったのだろう。保元の乱で滅びた藤原頼長も博覧強記の読書家で、屋敷に万巻の書物があったはずだが、その後伝えられたもののほとんどが応仁の乱で灰燼に帰したらしい。

いずれにしても、昔から書物だけに囲まれて過ごす部屋があって、そこに入ると人間は自ずから、考えるということをする。何か調べるためというのでなくても、何も持たず、何も考えずに行ってみると、そこには書物が並んでいて、向こうから語りかけてくる。図書館はそういった空間である。テクノロジーがどんなに進歩しても、書物という道具はハンマーや車輪と同じように無くなることはないだろう。

＊　＊　＊

先日所用で訪ねた幼稚園には、空き教室を利用した図書室があり、たくさんの童話や絵本がよく整理されて並んでいた。幼稚園の設置基準では、図書室を作ることは義務化されておらず、全国的にも少ないと聞く。手に取りやすい場所に書物を置くだけでなく、書物だけがある部屋を作るところに、見識が伺われる。読めないものや、めったに手にしないものがあっても、書物だけに囲まれる時間を持つことが大事だろう。そして、書物だけに囲まれるという経験は、図書館に来さえすれば誰にでもできる。また、書物だけがある空間は図書館にしかない。

飢え

まだ希少価値があって高価だった頃、図書館の書物は盗難にそなえて机や棚に鎖でつながれていた。十七世紀末まで、ヨーロッパの大学や修道院で見られた光景である。今もそのままの状態で保存されている様子を写真でみると、頑丈な装丁を施した書物は、棚にぶらさがった何本もの鎖につながれ、まるで囚人のように並んでいる。「本泥棒」は所蔵者にとってよほど悩みの種だったようだ。特に、羊皮紙に書かれた写本の類は、信じられないような値がついていたという。今日では、一冊ごとに貼り付けられたＩＣタグと、それに反応するゲートが目に見えぬ鎖の役割を果たしていて、盗難の心配は余りない。しかし目に見える鎖でつながれた書物には、それをこの上ない宝物として大切にしていた所蔵者の思いがにじみ出ているようだ。

＊　＊　＊

書物というものがなかなか手に入らなかった時代は長く、日本でも少し前までは、本に飢えるという経験を持つ人が少なくなかった。外国の書物はことに手に入りにくい。

福沢諭吉が、若き日に緒方洪庵の適塾で学んでいた頃のことを自伝で回想している。オランダ語の原書の会読にはどうしても辞書が要る。会読とは、一人ずつ順番に原書を翻訳してゆく、今日の「演習」形式の授業である。塾生の間では、予習の段階で、内緒で教えることも聞くことも恥辱とされ、それを犯す者は一人もいなかった。ひたすら自力で調べ、考え、当日を迎えるのである。会頭と呼ばれる責任者が一人一人の出来栄えをチェックしており、それによって等級が分かれ、昇級するシステムであった。ところが、蘭和辞典『ヅーフハルマ』は塾内にたった一部しかなく、塾生は皆、それが置いてある部屋を「ヅーフ部屋」と呼んで、月に六度ある会読の日が迫ると、そこに籠もっては辞書を引いたのである。*22

　また明治の話だが、柳田國男にこんな少年時代のエピソードがある。家にはまとまった書物がなかった。ある日父親に、知り合いの医師の家に『大日本史』があるから借りてやろうと言われ、坂を越えて八キロほどの道を連れられて行った。その時は父親が遠慮して言い出せなかったので、日を改めて、今度は國男が一人で、手紙と大きな風呂敷を持たされて借りに行く。簡単に断られるのだが、失望は感じなかったばかりか、風呂敷を持って本を借りに行く趣味を覚えたと言い、次のように書いている。

それから後も本は方々から借りて読むものとしていた。あるかないか分からぬような奥の間から、出して貸してくれたりくれなかったりするものと決めていた。早く帰って読みたいという好奇心と、背中の重たく汗ばむこととは、今でも自分には聯想がある。だから東京に出て始めて本屋の店に立ち、または図書館の目録を見たときは目が舞うようであった[*23]。

何という幸せな思い出だろうか。「早く帰って読みたいという好奇心」があるから、「背中の重たく汗ばむこと」は苦にならない。本に飢えているから、風呂敷に包んで背負ったその重みは、そのまま書物の価値なのだ。そういう経験を経ているからこそ、生まれて初めて、ずらりと並ぶ書物や目録を見た瞬間、「目が舞うよう」な気持ちを覚えるのだ。

下って昭和の時代にも、終戦直後の東京一ッ橋で、西田幾多郎の全集が出るというので、岩波書店の前に徹夜の行列ができた話がよく知られている。これも書物に飢えた人々だった。いずれも、今日では味わえない欠乏であり、幸福である。

＊　＊　＊

本に飢えるのではないが、同じように、欠乏がもたらす幸福を物語る話がある。数年前にフランスのドキュメンタリー映画『世界の果ての通学路』が劇場で公開され、話題になった。言語、宗教、生活環境を異にする四人の子供たちが、それぞれ数十キロの道なき道を何時間もかけて通学する様子をルポしたものである。その公式ホームページには次のような解説が載っている。「野生のキリンや象が生息するサバンナを駈け抜けるケニアのジャクソン。山羊飼いの仕事を終えてから、愛馬で学校へ向かうアルゼンチンのカルロス。女子に教育は不要とする古い慣習が残る村から、寄宿学校に通うモロッコのザヒラ。生まれつき足が不自由で、弟たちに車椅子を押されて登校するインドのサミュエル。通学路は危険だらけで、大人の足でも過酷な道のりなのだ。」子供たちは、なぜ学校へ通うのか。四人とも、夢があるからだと口を揃えて言う。ジャクソンは世界を見て回るパイロット、カルロスは故郷パタゴニアのための獣医師、ザヒラとサミュエルは医師になるという。

私はこの映画をDVDで見て、日本の多くの子供たちに比べれば劣悪な教育環境の中に置かれている、四人の子供たちの「明るい」表情に打たれた。四人の子供たちは「幸せ」だと思ったのである。欠乏が強い意欲を掻き立て、学問へと駆り立てる。暖かい部屋と食事と勉強する時間が、望まずして与えられる「幸福」もある。しかしそれらは欠いていても、紛れもなく幸福だと言える「幸福」が確かにある。

図書館の本は、鎖でつながれているわけではない。いつでも手元に置けるし、どこでも読める。おまけに学校では朝読書という、本を読むための時間まで、望まずして与えられている。これほどの幸福はないが、幸福だと思っている子どもたちはどれだけいるだろうか。

全集

このごろ流行らなくなったものの一つに文学全集と美術全集がある。私が中学三年生の時のことである。某出版社から『世界美術全集』が刊行された。イタリアの大手出版社、リッツォーリ社から出ている美術全集を、日本語版に編集したものだという。もちろん、そんな出版社の名前は初めて聞いたし、そもそも『美術全集』など手に取って見たこともなかった。しかし、絵が好きで美術クラブに所属していた私にとって、何か惹きつけられるものがあった。「リッツォーリ」という呪文のような言葉の響きも与っていたかもしれない。

第一回配本は『ルノワール』。その新聞広告に目を落としていた時、五つ上の姉が、これから父の車で本屋へ行くが、何か買ってくるものはあるかと聞いて来た。私は全く何も考えずに、これが欲しい、と広告を指さした。そばにいた父ものぞき込み、ふむと、承知したのかどうかわからないような返事をして、野良仕事に使う軽トラックに姉を乗せて出かけていった。

しばらくして帰って来た姉から、「買って来たよ」と大きな包みを渡された時には驚いた。それまで、学用品を除けば、何かを買って欲しいとねだったことはなく、その日「これが欲しい」と言ったのは、気まぐれに近かったからである。まして、その日のうちに手に入ろうとは思いも寄らなかった。何であれ、欲しいものがその日のうちに手に入るようになるのは、ずっと後の時代である。

私は何度も何度もこの画集の頁を繰って眺めた。『ルノワール』の豊潤な世界は、家にカラーテレビが現れてまだ五、六年たったばかりの、いわば淡彩画で描かれたような日々の生活に、鮮やかな色彩を添えてくれた。「印象派」という言葉を覚え、他の画家たち、モネやセザンヌなどの名を知り、高校生になると本屋へ出かけていって、それらの画家の画集を眺めたりするようになる。当時、週刊の漫画雑誌の巻頭を飾る作は、最初の数頁だけ「原色」で描かれていて、それだけでなんとも言えない高揚感を与えてくれたものだが、そういう時代だからこそ、この『リッツォーリ版世界美術全集』の一巻は、ひときわ光彩を放つものとして見えたのだろう。

＊　＊　＊

それから数年後、高校生の時のことである。今では考えられないことだが、四十年くらい前には、出版社が『日本文学全集』の広告のために、あちこちの高校を巡回しながら講演会を行っていた。新聞に広告が出るのは日常茶飯のことであった。

その出版社の目論見通り、講演会のあと、高校生の私は第一回配本の一冊を買った。だが、確か野間宏と正宗白鳥が収録されたその一冊は、最初の数頁を読んだきりで放り出されることになった。吉川英治の『三国志』に夢中になっていた高校生にとって、その文学全集の一冊は余りにも異質の世界だった。

当然、第二回配本以下は購入に至らず、出版社の「目論見」はそこで頓挫した。しかし、初めて手に入れた「文学全集」の一冊は、いまだ足を踏み入れたことのない未知の世界への入口として、勉強部屋にある小さな本棚の一角を占め、一定の存在感を持ち続けた。最初の数頁しか読んでいなくても、その本は背表紙を通して、いつも何かを語りかけて来たと言える。

＊　＊　＊

そういえば百科事典も、このごろ流行らなくなったものの一つである。学生時代に同じ下宿にいた友人、同じ下宿といっても、彼は離れの一室を借りていて、顔を合わせることも余りなかったし、友人と言っても、親しくしていたわけでもなかったのだが、一度だけその部屋を訪ね、上がらせてもらったことがあった。四畳半の一室で、トイレと風呂と冷蔵庫はどこの部屋も共同だったから、靴脱ぎと畳の空間だけがあり、あとは襖の向こうの押入れのみの部屋である。真ん中に電気炬燵、入口と反対側にテレビがあるだけで、他に家具らしきものも置いてない。ただ百科事典の焦げ茶色の背表紙が、薄暗い室内で鈍い反射光を滲ませていた。

その友人のことは、以前から、むしろ遠くに住んでいるもっと親しい友人から聞いていた。博識で愛読書は百科事典だという噂だった。それにしても、百科事典以外に本を持たないとは思いも寄らなかった。大抵のことは、百科事典で間に合わせるのだろうか。本を一冊読むまでもなく、要点さえ頭に入れておけば、事が足りるのだろうか――友人はそれについて何を語ったわけでもないが、百科事典が無言のまま、そんなふうに語りかけてくるようであり、友人の自信に満ちあふれた態度が、それを裏付けているかのようだった。

私も今同じ出版社の百科事典を持っている。就職してから購入したものである。何度となく繰り返した引っ越しのたびに、三十巻余りを段ボール箱に詰め込んで運んだわけだが、そのうち数枚のCD-ROMに収まってしまい、更にネット上で無料・有料の他の百科事典の類を容易に読むことができるようになっても、手放せないでいる。

よく利用するのはネットであるが、不思議なことに、ネットで検索することが億劫になることがある。むしろ、重量があってかさばる紙の百科事典の方を使いたくなるのである。拡げておくと、ノートや他の書物の上を覆ったり、机からはみ出しているのだが、それでもその重さやかさばりが、まるで勉強にはなくてはならぬもののように感じられて、それが机の上のかなりのスペースを支配するのに任せておく。「最新の情報」でなければならない時は、そう多くはない。とりあえずは、大まかに知っておけばよいこと、何十年を経ても、そう事実の記述に大きな変わりはないようなことがらは、紙の上にインクで記された文字を通して、つまり、すぐには書き換えられないことがこの目で確かめられる媒体を通して、知っておきたいという心理が働いているようだ。

古代の人類にとって、文字を石や鉄や木の上に記しとどめるという行為は、文字が、目の前で、人間の一生をはるかに超越する時間を生き続ける確かな存在となる経験だっただろう。そんな経験が、意識の深層に刻みこまれて今日に至っているのではないだろうか。

今日では、その文字を支えるものが、石でも鉄でも木でもなく、紙ですらない何かと化しつつある。普段は目に見えず、光が描き出す一時的な現象としてしか現れない。そんなふうに考えると、目の前にある辞書の背表紙の文字が、妙に慕わしく、懐かしいものに見えてくる。

古書

使い込んだものは美しい。特に辞書はそうで、手垢にまみれ、頁の角は折れ、背表紙は本体から取れかかり、表紙の文字は擦れて何と書いてあるかわからない、そんな辞書は底光りがしている。

中学一年生の時、英語の先生がまだ習い始めの私たちに話したことを思い出す。

——辞書は手垢で真っ黒になるまで使いなさい。ボロボロになるまで。学生の頃、ぼくはいつも辞書を持ち歩いて単語を覚えた。一語覚えるたびに鉛筆で塗りつぶし、ある頁を全部覚えてしまうと、こんなふうに破りとって食べたもんだよ。もちろん教室は、「頁を食べる」瞬間を、身振り手振りで表情豊かに再現してみせる先生のジェスチャーに沸いたのだが、辞書は、ほかの本のように大事にきれいにしておくのではなく、乱暴に扱っていい本、いやそう扱うべき本なのだという考えが新鮮だった。

同じ頃、国語の先生にも辞書の使い方を教わった。中学生の荷物としては、何冊もの辞書を毎日鞄につめて通うのは大変だろうというので、先生は一学年の全三クラスに全員分の国語辞典と漢和辞典をセットで用意して下さった。教室の後ろの隅にずらりと並んでいて、国語の授業になると各々そこから持って来て机の上に二冊ずつ置く。こちらは汚してはならないし、まして頁を食べたりしてはならないのだが、毎日のように使ったから、たちまちよれよれになったことだろう。

＊　　＊　　＊

紙は破れたり汚れたり、変色したりする。書棚にある文庫本を久しぶりに抜き取って開いてみると、変色して見る影もなくなっていることがある。特に、昭和の頃までに出版された本の中には、何十年も経つと赤茶けて文字すら読みづらくなり、簡単に破れてしまうものがある。

今から四十年ほど前に、欧米で図書館にある本が次々と劣化して読むに堪えなくなるという現象が起こり、問題となった。原因は、十九世紀の半ば以降に出版された本が大量生産のため酸性紙を用いていたからで、日本でも近代になって出版された本は同様だった。中学・高校時代、自分の小遣いで本を買い始めた頃までに出た本には、酸性紙を用いたものが多かったのだ。その後、中性紙が使用されるようになり、今では八割ほどの出版物に用いられているという。にも拘わらず、頁が赤茶けて破れやすくなった文庫本は懐かしく、かえって愛着がわくから不思議である。

そんな赤茶けた本の中に、英国の作家ギッシングの小説『ヘンリ・ライクロフトの私記』がある。次の一節は、主人公が、二十五年前の青年時代を回想するところである。極貧の中、ほそぼそと小説や雑文を書いて暮らす彼は、古本屋でたまたま見出した六ペンスの本、古代ローマの詩人ティビュルスの詩集を買うために、その日の昼食を抜く。

当時の自分には、書物を買うことを措いて、外に金の意味はなかった、心をわずらわすだけの意味はなかったのだ。自分がどうでも欲しいと執心したような書物、体の栄養よりもまだ必要であったような書物もあった。もちろん、大英博物館へ行けば見ることができたのだが、しかしそれは、自分の物として自分の書架に所有するのとは、全く違ったことだ。時には、自分は、全くボロボロになって目も当てられないような、それに下らない書き入れで汚され、破れ、しみのついたような、書物を買ったこともある、――がそれでも構わないのだ。
自分のものでない本を読むよりも、それを読む方が良かったのだ。*24

本を所有する喜びさえあれば、「汚され、破れ、しみのついた」状態であっても構わないという。これは、ある時代まではむしろ普通のことだった。ネット上に出品されている本の説明をみると、しばしば「消毒済み」であることが断ってある。なるほど多くの人々の手に触れたものだし、どんな場所に置いてあったかわからないとなると、本についている細菌を警戒する消費者がいても、この時代だから不思議はない。しかし、ひと昔前は古本を買うのに細菌まで気にすることはなかった。第一、目には見えないし、ついていたところでどうにかなるものでもない。

中味よりも、新しさや清潔さ、見た目の良さを、古本を買い入れる第一条件とする古書店もある。それはそれで構わないし、恩恵を被ってもいる。一方で、書き込みや手垢で汚れていても、中味がしっかりしていれば文句なく買っていた時代があったことも忘れられない。

＊　＊　＊

およそ三百年前に出版された本が、いま目の前にある。『古今和歌集』で、奥付には「正徳三年正月日新出版」とある（一七一三年）。これがわが家にある最も古い本で、次に古いのは明治三十八年（一九〇五年）刊、薄田泣菫の『白玉姫』だから、家にある古書としては別格である。江戸時代初期には活字本が流行ったが、その後廃れてしまい、木板に文字を彫りつけて一枚一枚版画の要領で印刷するやり方が主流となった。これはそうして一冊ずつ手作りで作られたもののひとつである。それこそ表紙は「汚され、破れ、しみのついた」状態なのだが、ありがちな虫食いの跡もほとんどみられず、文字も鮮明である。時々手にとってごく薄い一葉一葉をめくっていくと、あらためて和紙と墨の持つ生命力、そして成立はさらに八百年ほど前にさかのぼる『古今和歌集』の生命力に驚かされる。

いったい、三百年の間に、どんな人たちがこの本を手にして来たのだろう。「新出版」とある。出版元のあった京都で、新刊の、紙と墨の香りもかぐわしかったこの本を、もしかしたら食事を抜いてでも貸本屋から借りた若者がいたかもしれない。それとも裕福な商家の娘だろうか。手習の教科書では満足できず、父親にねだって、ようやく買ってもらったこの本を、拭き清めた机の上に大事におく。そして暇さえあればあちこちをめくって、はるかに遠い平安時代の空気を呼吸していたのかもしれない。その後、幾多の名も知らぬ人々が手にし、書き写したり、朗読したり、暗誦しては心のリフレッシュのよすがとして来たことだろう。この本も、使い込まれた美しさで底光りがして見える。

祈

風

文庫本というものが、まだ大手出版社から数種類しか出ていなかった頃は、表紙も地味だった。帯の上からパラフィン紙をかけただけの昔ながらの装丁を、かたくなに守っていた出版社もあって、書棚に並んでいても文字は見えにくく、目を近づけないとタイトルも読めなかった。

それがある時期から多種多様な文庫本が出はじめ、各社ともカラフルな表紙がつけられ、彩り豊かな小さな本が書店の棚にずらりと並ぶようになる。今では普通のことなのだが、同じ文庫本でも、時代とともに装いを新たにするので、気に入っていた本の「顔」がいつのまにか姿を消して、別の「顔」をしていることもしばしばである。

『風立ちぬ』で知られる堀辰雄の文庫本も、かつては気のきいた絵で装われていた。二つの出版社から出ていて、共に表紙は油彩画である。今も何冊か持っているが、一方はキャンバスに絵の具を無造作に塗りつけたような粗いタッチで抽象的な風景が描かれ、一方は、おそらく信州の高原をイメージしたまぶしいような林が、一見水彩画のように見えるタッチで描かれている。特に前者は、同じ筆遣いでありながら一冊ずつ異なる絵が用いられ、堀辰雄の作品に対する愛着の深さが感じられる。

＊　＊　＊

神奈川県のある高校教師が、堀辰雄の本について思い出を書いている。[*25] 小学生の頃から昆虫が大好き、中学でも生物部に入り、頭の中は昆虫のことでいっぱいだった。高校一年の時、国語の授業で先生が「読んでみたらどうだい」と紹介してくれたのが堀辰雄の『風立ちぬ』だった。読んでみてその冒頭の文章に衝撃を受け、それ以来、文庫本で手に入る限りの堀辰雄の作品を読みふける。ある時『堀辰雄全集』というものがあることを知り、本屋に値段を問い合わせたところ、それを忘れた頃に、その本屋からなんと「注文した『堀辰雄全集』が届きました」と知らせて来た。高校生に買えるはずもなく、まして家は貧しく、塗装職人の父が苦しい家計を支えている。桁違いの買い物であることは間違いなかった。ところが、「恐る恐る、ほとんど半ベソかきながら」事情を話すと、父は「いいよ。買ってこい。」とだけ言って、お金を渡してくれたというのである。

『風立ちぬ』はこんなふうに始まる。

それらの夏の日々、一面に薄の生い茂った高原の中で、お前が立ったまま熱心に絵を描いていると、私はいつもその傍らの一本の白樺の木陰に身を横たえていたものだった。そうして夕方になって、お前が仕事をすませて私のそばに来ると、それからしばらく私たちは肩に手を掛け合ったまま、遥か彼方の、縁だけ茜色を帯びた入道雲のむくむくした塊に覆われている地平線の方を眺めやっていたものだった。ようやく暮れようとしかけているその地平線から、反対に何物かが生まれて来つつあるかのように……*26

この「手記」は、全てが終わったあとから始まっている。ある年の夏、「私」は信州の高原で一人の娘と出会うが、彼女は、戦前は特に不治の病として恐れられた肺結核を患っていた。一年後に婚約したものの、病状は悪化し、翌年「私」と共にサナトリウムに入所するが、数カ月後に亡くなる。この書き出しの一節は、彼女が重篤となる前の日々の回想で、「それらの夏の日々」とは、「それらの二度と返らぬ夏の日々」なのである。

これに続いて「もう秋近い日」の午後、「私」がフランスの文学者、ヴァレリーの詩「海辺の墓地」の一句を何度も口ずさむところがある。

風立ちぬ、いざ生きめやも。

この詩句が、原語のフランス語で小説の巻頭に掲げられている。逐語的に訳すと「風が吹き起こる……生きることを試みる必要がある。」となる。ちなみに堀辰雄は他の文章でもこの句を含む一節を訳していて、そこでは「風が立った。……生きなければならぬ。」となっている。[*27] いずれにしても、小説『風立ちぬ』では、あえて文語を用いたのである。

「風立つ」は、古くから歌に詠まれて来た言葉である。西行が次の歌で初めて用いてから好まれるようになった。

あはれいかに草葉の露のこぼるらむ秋風立ちぬ宮城野の原*[28]

初秋の東北宮城野に遠く思いをはせる名歌である。堀辰雄はこの古い日本語を用いてヴァレリーの詩句を訳したわけである。ヴァレリーの詩は、海辺の急斜面にある墓地から海原を見下ろす「私」が抱く想念を、海のうねりのように歌っている。*[29]「私」は、死の静寂と虚無を、海から沸き起こる風を身に受けて、生へ、行動へと転換する。しかしそこに季節はない。堀辰雄は、「秋近い日」の高原に風が吹き起こるという、もとの詩にない季節のめぐりを「風立ちぬ」という古い言葉に込めたのだろう。

＊　＊　＊

ところが、あとの「生きめやも」について、誤訳だとの指摘がある。[＊30]「め」は意志の助動詞、「やも」は詠嘆を含む反語で、これだと「どうして生きようか、いや生きまい」になってしまうと言うのである。これに対しては国語学者の山田潔氏が、学校文法だとそうなるが、もっと幅広く用例を探ると、「めや」で強い意志を表す場合があると反論した。[＊31]この問題は論争にもならなかったのだが、山田氏の指摘したことが面白い。「風立ちぬ、いざ生きめやも。」は、五音七音になっているというのである。確かにそうで、学校文法に忠実に訳したなら、「いざ生きざらめやも」となって、いかにも回りくどく、響きが悪くなる。「いざ生きめやも」は、どこまでもたおやかで、しかも弱々しくない。「風立ちぬ」に続く言い回しとして、これ以上のものはない。

「遥か彼方の」地平線まで見はるかす高原を、風が吹き渡って次の季節をもたらそうとしている。「私」は、大きな季節のめぐりに、死を超えて生き続けるものを直観する。その時ふと口をついて出た詩句が「風立ちぬ、いざ生きめやも。」だった。それは「風が立った。……生きなければならぬ。」ではなかった。ヴァレリーのように、死の静寂と虚無に立ち向かうのではなく、むしろ古人のように大きな季節のめぐりにわが身をゆだね、そこから新たな生を始めようとしたのだろう。文語「風立ちぬ、いざ生きめやも。」でなくてはならなかったのだ。

名言

福音館書店といえば、絵本で知られる老舗の出版社である。私の高校時代に、ここから「小辞典文庫」というシリーズが出ていて、ファンも多かったらしい。たまたま家にその中の一冊、『ことわざ故事金言小辞典』があった。豆本とまではいかないが、手の平に載るほどのサイズで、その割に厚く、表紙は水色の地に大きな水玉模様が七つばかりあしらってある、何の飾り気もない地味な装幀だった。

その中に、中世イタリアの詩人ダンテの言葉「汝の道を進め。人々をして言うに任せよ」というのがあって、ずいぶん気に入っていた。「ダンテ」と言えば、小学校高学年の頃、週刊の漫画雑誌に連載されていた永井豪の『魔王ダンテ』しか知らなかったので、まずは大きな翼を持ち、額に人間の顔が埋め込まれた、剝き出しの牙と鋭い爪を持つ、巨大な異形の怪物しか思い浮かばなかった。さすがにその怪物の口から出た言葉だとは思わなかったが、実はこの詩人が、政争に巻き込まれ、自分の信念を貫いたためにフィレンツェから永久追放されたということを知ったのは、それから何十年も後のことである。部活動と勉強しかしていなかったし、気負う必要もなかったはずだから、ある「かっこよさ」が心を捉えたのだろう。漢文訓読的な言い回しの格調の高さも手伝っていたかもしれない。今となっては行方知れずで、いまだにもう一度手にとってみたいと思う本である。

＊　＊　＊

ダンテの『神曲』を読んだのは数年前だった。高校時代に初めてその言葉に接してから、四十年近くが経っていたことになる。名だけは知っているこの古典を、いつか読んでみたいと思いつつ、積んでおくだけになっていたのだが、思い立って手にとったのは、あの「ダンテの言葉」が忘れられなかったからである。『神曲』は「地獄篇」「煉獄篇」「天国篇」の三部からなる。道を踏み外して暗い森の中をさまよう「私」、すなわちダンテが、師と仰ぐ古代ローマの詩人ヴェルギリウスに導かれつつ、地獄、煉獄を経巡り、そこで出会った永遠の女性ベアトリーチェの案内で天国に至り、最後に神を見届ける。奔放な想像力と深い思想性を土台に、緻密な韻律によって構築された長編詩と言われ、イタリア文学の代表作のみならず、世界文学の名作の一つとされる。通勤のバスの中と決めて、厚い文庫本三冊を読み継ぎ、ダンテが最後に神を見るところまでたどりついた。ところが、あの「ダンテの言葉」がどこにも見当たらないのである。ネットで検索してみると、訳文こそ様々だが、確かにダンテ『神曲』中の名言として多くの引用がある。しかし、『神曲』のどこに出て来るのか記されていない。見つかったのは、よく似た次の言葉で、師ヴェルギリウスがダンテを叱咤する「煉獄篇」の一場面である。

お前の心はなぜそんなものに惹かれて、のろのろ歩いているのだ。
そいつらの私語など　お前に何のかかわりがあるのだ。
わしについて来るのだ。それらにはいわせておけ。
風が吹こうと、びくともせぬ
毅然たる塔のようにしていることだ。
ひとはとかくつぎつぎに想いが湧くと
人の想いがほかの考えをよわめて
目標をふみはずしがちなものだ。[*32]

三行目を例の「汝の道を進め。人々をして言うに任せよ」と比べてみると、後半は同じような意味である。しかし前半の「わしについて来るのだ」と、「汝の道を進め」とでは、意味が正反対ではないか。不可解に思って調べてゆくうちに、あるアメリカの学者が書いた本の一節が目にとまり、ハッとした。そこにはおおよそ次のようなことが書いてあった。――マルクスは『資本論』序文で、ダンテの格言として「汝の道を進め。人々をして言うに任せよ」を引用しているが、これは『神曲』のどこにも出て来ない。実際にはマルクスが、『神曲』の三つのエピソードから引いた詩句を混ぜ合わせたものだと。

『資本論』序文の終わりのところには、確かにこうある。「私が未だ曾て譲歩したことのない、謂ゆる輿論なるものの偏見に対しては、私は依然として大詩人ダンテの格言を守る。――汝の道を進め。而して人々を彼等の言ふに任せよ！」[*33]。これが、いつの間にか『神曲』中の言葉と信じられて、独り歩きしたのだ。高校の時出会ったのは、こちらの言葉だったのである。

しかし、「わしについて来るのだ」と「汝の道を進め」という正反対に見える言葉も、後者の「道」を、ダンテが尊敬する師に導かれて歩む正道だと解すれば、それほど隔たりはない。いずれにせよ、「人々をして言うに任せよ」、何もせず評判ばかりしている人間にはしゃべらせておけ、お前はお前だという意味に変わりはなく、マルクスにだまされた気はしていない。

＊　＊　＊

東京大学が毎年開講している「高校生のための金曜講座」でダンテに関する講義を聴く機会があった。「ダンテ入門」といった内容だったが、その中で、講師からイタリアの文学者プリーモ・レーヴィの手記『これが人間か―アウシュビッツは終わらない』の紹介があったので、早速読んでみた。レーヴィは、第二次大戦中、地下組織で反ファシズム活動に参加し、ついでドイツがイタリアを占領するとレジスタンス運動に加わって捕らえられるが、ユダヤ人であることを明かしたために、一九四三年一二月イタリアのフォッソリ強制収容所へ、翌年二月にはアウシュビッツに送られる。二十四歳だった。そこでは人間が虐待されたあげくモノのように「処分」される文字通り地獄のような日々が待っていた。ほぼ一年後、ソ連軍によってアウシュビッツが解放され、奇跡的に祖国に生還する。その連行から生還までを綴った記録であるが、中ほどに、こんな場面が出て来る。

レーヴィがフランス出身の学生ジャンと配給の食料を受け取りにゆく途中で、歩きながらジャンにイタリア語を教えることになった。その時頭に浮かんだのが『神曲』の一節だった。「地獄篇」にある「オデュッセウスの歌」である。不確かな記

憶を頼りに、イタリア語をたどたどしいフランス語に訳しながら、この歌の、

きみたちは自分の生の根源を思え。
けだもののごとく生きるのではなく、
徳と知を求めるため、生をうけたのだ。*34

という三行が自分の口から出て来た時、レーヴィは初めてこの言葉を耳にしたような衝撃を受ける。それは「神の声のよう」で、「一瞬、自分がだれか、どこにいるのか、忘れて」しまうのである。

夢中でジャンに語り続けるが、時間は限られている。「明日はどちらかが死ぬかもしれない、あるいはもう会えないかもしれない」からである。レーヴィは、その時心を支配した何かを、「一瞬の直観のうちに見た何か巨大なもの」、「私たちにふ

りかかった運命の理由を説明できるもの、私たちがここにいるわけを教えられるもの」と表現している。ダンテの言葉が、地獄のような状況の中でも、人間が人間であることを教えたのだ。

厚い本

小学生の時、中学三年になったばかりの姉の机に、矢野健太郎の『中学数学事典』が置いてあるのを見つけて、手にとった記憶がある。さほど大きくはないが分厚い本である。姉がそこにいて、「何頁あるか当ててみて」と言ったので、頁を繰ってゆくと、「1000」を超えたので驚いた。生まれて初めて、千頁を超える本を開いた経験だった。中学生になって、余り使われた形跡のないこの姉の参考書を引き継ぐことになったが、しばらく机の上に置いておいたのは、中味より厚さが魅力的だったからである。厚いというだけで、書物というものは何かを語りかけてくる。

特に子供の頃は、分厚い本を持っているというだけで、誇らしい気持ちになるものだ。しかしこの参考書は、私もほとんどお世話にならないままどこかへ行ってしまった。

事典の類を除いて、現在わが家にある最も厚い本——正確には頁数の多い本は、モンテーニュの『エセー』で、二〇八三頁。『エセー』は全部で六冊ある岩波文庫で読んだのだが、訳者が違うこの本も持っている。ただ、愛着が深いのは文庫本の方で、長くつきあって来た友達のように思われる。どこを開いても自分のことが書かれているような気がする書物は、ざらにあるものではない。それでも全一巻の方を手放せないのは、やはり小学生の時の『中学数学事典』体験があるからだろうか。次に厚いのは鎌倉時代の僧、日蓮の書簡と論文をほぼ網羅した『御書全集』の一六一九頁。日蓮の限りなく繊細で力強く、厳しく優しい言葉が詰まっていて、ある時は叱咤され励まされ、ある時は諭されなぐさめられて来た。次は『完本源氏物語』で一四六九頁。『源氏物語』も六冊ある岩波文庫で読んで来たが、こちらはなんといっても、桐壺の巻から夢浮橋の巻までが一冊の中に収まっているという点が驚きである。『源氏物語』という稀有の作品に対する尊敬の念が美しい本の造りにも見て取れる。これを持って歩く訳にはいかないし、わざわざ手に入れて読もうという読者も稀だろう。実用的な価値や売れ行きを度外視して、こんな本を作った出版社の心意気に敬意を表したい。

＊　＊　＊

一一四〇頁。石牟礼道子の『苦海浄土』三部作――『苦海浄土』・『神々の村』・『天の魚』が、一巻にまとめられて藤原書店から出版された。この年、二〇一六年は水俣病が「発見」されてから六十周年に当たる。文庫本でも第一部『苦海浄土わが水俣病』のみが装いを新たにして出ている。

かつて、浜松市のアクトシティで「水俣展」が開催されたことがある。水俣病の歴史と現状が写真パネルや資料で克明に紹介されていた。それまでは知らなかったことがほとんどで、認識を新たにしたのだが、著名な『苦海浄土』は読んでいなかったし、またそのあと読む気にもならなかった。この「水俣展」がすべてを物語っていると思ったのである。

しかし、それは誤りだった。「水俣展」の数多くの写真や資料は、確かに水俣病がどのように発生し、いかに残酷に人々の一生を狂わせたかを伝えている。それは原爆や震災と同じく、水俣病が決して人間の記憶から消え去ってはならない事件の一つであることを痛切に知らしめる。ところが、『苦海浄土』を読み進めてゆくと、水俣病という事件が、そのような歴史的「事件」などではないと思われてくるのである。

石牟礼道子が初めて水俣病の患者を一市民として見舞ったのは昭和三十四年五月下旬のことだった。見舞い先の病室へたどり着く前に幾人もの患者を見かけたが、ある病室の前を通りかかった時、その半開きのドアの向こうに、ベッドから転がり落ちて仰向けになった一人の患者が見えて、思わず立ちすくむ。患者が見えた、というより、一個の人間のまなざしが、「飛びかからんばかりに鋭く、敵意に満ちておそいかかってくるかにみえた」[*35]のである。彼はいかにも漁師らしい立派な顔だちで、高い鼻梁とひきしまった頬骨に、鋭い切れ長のまなざしを持っていた。ところが床に仰向けになって転がったまま、「廃墟のように落ちくぼんだ肋骨」の上に小さな児童雑誌の付録のマンガ本を乗せ、「肘も関節も枯れ切った木のようになった」両腕でそれを押し立てている。実は彼の視力はすでに発語とともに失われていた。自分の境遇を恥じ、怒り、「いかにもいとわしく恐ろしいものを見るように」、見えない目で嫌悪のまなざしを向けたのである。しかしマンガ本がふいに倒れると、たちまちその敵意は消え、「ものいわぬ稚い鹿か山羊のような、頼りなくかなしげな眸の色に変化してゆく」。そのマンガ本に、石牟礼は「彼が生涯押し立てていた帆柱のようなもの」、「残された彼の尊厳のようなもの」を見届ける。

実際には十秒にも満たない間の出来事だっただろう。この一瞬の情景を、四頁にわたって書きとどめていることが、彼女に与えた衝撃の大きさを物語る。終わりにこう記している。

安らかにねむって下さい、などという言葉は、しばしば、生者たちの欺瞞のためにに使われる。このとき釜鶴松の死につつあったまなざしは、まさに魂魄この世にとどまり、決して安らかになど往生しきれぬまなざしであったのである。

その時までわたくしは、水俣川の下流のほとりに住みついているただの貧しい一主婦であり、安南、ジャワや唐、天竺をおもう詩を天にむけてつぶやき、同じ天にむけて泡を吹いてあそぶちいさなちいさな蟹たちを相手に、不知火海の干潟を眺め暮らしていれば、いささか気が重いが、この国の女性年齢に従い七、八十年の生涯を終わることができるであろうと考えていた。

　この日はことにわたくしは自分が人間であることの嫌悪感に、耐えがたかった。釜鶴松のかなしげな山羊のような、魚のような瞳と流木じみた姿態と、決して往生できない魂魄は、この日から全部わたくしの中に移り住んだ。

　こうして、「畳一枚を縦に半分に切ったくらいの広さの、板敷きの出っぱりで、貧弱な書棚が窓からの光をほとんどさえぎ」り、「座れば体ははみだすにちがいなく、採光の悪さは確実に眼をそこなうにちがいない」[*36]（渡辺京二）ような家の片隅で、『苦海浄土』が書き出されたのである。

＊　＊　＊

石牟礼道子は二〇一八年卒寿で亡くなった。半世紀にわたって書き継がれ、三部作としてまとめられたこの分厚い本を読み終えた時、それにしても、自分は読み終えたと言えるのだろうかこの本を、と思わずにはいられなかった。これは何だろうか。感動した、面白かった、あるいは傑作だ、名著だ――読後感を表すこれらの言葉が、どれも『苦海浄土』には決して当てはまらない。強いて言えば「打たれた」というしかない。本というものは、表紙を開け、一頁目から順序よく読み進めてゆくものだ。しかしそれをも拒んでいる。出来事の一部始終を、読者にわかりやすく整理して提示しようなどという意図は始めから捨てている。ここに語られている出来事は、そもそも当事以外の誰かがもっともらしく批評し、感想を述べることができるような性質のものではないのだ。整理や分析、批評、感想、いかなる意味でもそうした解釈のたぐいは、賢しらとして拒絶されてしまう。それは、この作品が歴史的「事件」を記録したものではなく、目を、口を、不条理な力で閉ざされた人々になり代わって語った作品であり、死者の言葉を蘇らせる巫女の文学というほかはないものだからなのだろう。

写真

小学生の頃、どんなものがあるかわからないがらくた置き場が家の一角にあり、処分を待つ本や雑誌の類が雑然と投げ込まれていた。そこへ入り込むと、古紙から発する臭気が充満している。埃だらけだったが、目にとまった本や雑誌を手にとって、頁をめくる瞬間には高揚感があった。古さが持つ不思議なエネルギーが心を捉えたのだろう。テレビの新番組や、新連載の漫画にいつも敏感だった少年時代に、そんなものに惹かれることもあったのだ。その中には『アサヒグラフ』が何冊かあって、東海道新幹線の開通を報じる特集号も混じっていた。確か、巻頭を除いてはほとんどがモノクロ写真だった。それが、家族が撮ったのではない「写真」というものに出会った初めての経験だった。

＊　＊　＊

野町和嘉氏の写真集『ナイル』を初めて手にしたのは、もう四半世紀以上も前のことになる。写真を撮る趣味はなく、またその頃は芸術としてのそれに格別の親しみも感じていなかったが、この本はちょっとした事件だった。ヴィクトリア湖に注ぐカゲラ川の支流を源流として、アフリカ大陸東北部を貫き地中海に流れ込むナイル川。全長六六五〇キロにわたる壮大なその流れに沿って、流域の自然と人々の生活をカメラに収めたものである。

特にその巻頭から始まる、白ナイルの上流付近に住む部族民の姿に強烈な印象を受けた。牛の尿で頭を洗い、髪の毛を脱色して化粧し、牛の乳房から直接朝食を摂るヌエル族。下唇に皿を挟み、それをだんだんと大きくしていく奇習を持つスルマ族の娘たち。蚤や蚊から体を守るために、牛糞を燃やした灰の中で暮らすディンカ族。体中に灰を塗り、身だしなみを整えるにも灰を使うという。こちらが日々過ごしている時間空間とは、およそ次元の異なる生活がそこにあった。

アフリカの部族の生活ぶりを描くテレビのドキュメンタリー番組は珍しくない。また四半世紀前と違い、ネットで検索すれば動画でいつでも容易に見ることができる。しかしそれでは見えないものがある。絶えず動く動画の表情は変化に富むが、それゆえに見る側に与える印象は散漫になる。これは日常の生活でも同じで、表情は絶えず変化しているから、私たちは他人の無数の表情に絶えず接していて、そこから一瞬の表情だけを捉えてその意味を理解しようとするが、たちまちその表情は消え去る。選択は、見る側に任されているのである。それに対して、写真の表情は変わらない。ある一瞬の表情を永遠に固定して見せる。固定するのは、こちらではなく写真家で、私たちは有無を言わせずそのまなざしに合わせることを強いられ、彼の集中力や直観、身動きなどに全てをゆだねることになる。そして、写真家が見抜いた本質へと、引き寄せられてゆくのである。『ナイル』の部族民たちが目に焼き付いたのは、それが写真だったからだと思う。

＊　＊　＊

私が子供の頃住んでいたのは古い農家だった。庭では山羊を飼い、祖父が搾ったその乳を飲んだ。門の外には鶏小屋があり、食事前に鶏が産み落とした卵を取りに行った。玄関前には犬小屋があり、家の中では猫を飼っていたが、毛をかき分け、ノミを見つけては取るのが日課のようになっていた。その猫が押入れの奥に赤子を五四産んだこともあった。台所や居間では、見上げると煤で真っ黒になった屋根裏が見える。夏になると蚊が出るので、あちこちに蚊取り線香を置く。濛々たる煙が煤けた屋根裏まで立ち上り、充満すると、面白いように次から次へ蚊が落ちてくる。客間には天井板が張ってあるのだが、ある時天井裏で何かがすさまじい音を立てた。母に尋ねると、ハクビシンがネズミを追いかけ回すのだという。

風呂の浴槽は上半分がタイル張り、下半分が鉄の釜状で、その底に板を沈めてあり、その上に乗って湯につかった。薪を燃やして釜の下から熱するのだが、夕方風呂を焚きつける前にのぞくと、中で蛇が泳いでいたことがあった。開いた窓から入り込んだらしい。風呂場の窓の外には裏山が迫り、竹藪が茂っていたから、黄金虫やムカデその他、何が入って来てもおかしくはなかった。ある日、学校から帰って四畳ほどの自分の部屋へ入ろうと戸を開けた瞬間、息を飲んだ。天井のほぼ全面から、無数の蜘蛛の糸が雨のように垂れていた。各々の糸の先には小さな蜘蛛がぶら下がっている。そういえば、前日の夜、大人の掌ほどの大きさの蜘蛛が、太鼓のようなものを抱えて天井を動いているのを見かけた。抱えていたのは卵嚢だったのだ。そのあとどうしたのかは覚えていない。

アフリカの部族民には比べるべくもないが、今日の「清潔」な生活環境とはかけ離れた住まいで、それを自然に受け入れて、不自由とも不便とも思わず暮らしていたのだ。山羊、鶏、犬、猫、蚊、ノミ、ハクビシン、ネズミ、蛇、黄金虫、ムカデ、蜘蛛——並べてみると、なんとたくさんの生き物たちと共に生きていたことか。そして、そういう種々雑多な生き物と一緒に住むような暮らしは、農家であれば珍しいものではなかった。

＊　＊　＊

さて、野町和嘉氏がナイルと出会ったのは、一九七五年八月、夫妻でサハラ砂漠を縦断し、Uターンして北上していた時のことである。旅も十一ヶ月目に入って二人は完璧な一文無しになり、ナツメヤシの木陰で休んでいた。目の前にある干上がった川筋を眺めているうちに、ひとつの水流が氏の脳裏をかすめる。それがナイルだった。サハラ砂漠の中で、「幻想のナイル」が氏の心に焼きついてしまったのである。撮影には一九八〇年から翌々年まで、十三ヶ月を要した。

写真集『ナイル』の巻末に「ナイル――奇蹟の大河――」と題するエッセイが載っていて、ナイルの源流を訪ねた話で結ばれている。長い間探検家たちが探し求めた、ナイルの源流があるという「月の山」。それに比定されてきた、ヴィクトリア湖の西にそびえるルウェンゾーリ山に氏は登った。五日間かけて海抜四七〇〇メートルの地点に達し、氷河の真下へ出た。その岩塊のわずかな窪みに、一筋の水の流れ――「氷塊から延びたとるに足らない、固体から液体にかわった最初の流れ[*37]」を見出したかと思うと、すさまじい雷鳴が背後で炸裂し、視界は霧の中に閉ざされてしまう。

そしていっときののち、白い天空から雪が、音もなく舞い落ちてきた。静かな雪であった。眼前にたどることのできる、かすかなこの水流を、ナイルの源流とは言うまい。ただ、ナイルとなって地中海までの長途の旅に出るあの膨大な水量を供給する月の山の、最初の一滴、一滴からなる小さな流れが、私の眼前の淡い霧のなかから、降りしきる雪のなかから誕生しているのは紛れもない事実であった。

はるか六〇〇〇キロの彼方、エジプトの砂漠を生命そのものとなって驀進するその最初の生命が。

写真に言葉はいらない。しかしこの最後の一文は、大きな「生命」としか言いようのないものに生かされ、種々雑多な生き物の一角を占めて暮らす人間の営みを限なく照らすかのようだ。写真集『ナイル』の結びとしてふさわしい言葉である。

注

＊文庫本については刊年を省いた。

1 アラン／白井健三郎訳『幸福論』集英社文庫
2 アラン／中村弘訳『ラニョーの思い出』筑摩書房 一九八〇年
3 井上靖『星闌干』集英社 一九九〇年
4 久松潜一・久保田淳校注『建礼門院右京大夫集 付平家公達草紙』岩波文庫
5 清水好子「日記文学の文体」『国文学 解釈と鑑賞』一九六一年二月号
6 川村裕子訳注『新版蜻蛉日記』角川ソフィア文庫
7 モーパッサン／新庄嘉章訳『女の一生』新潮文庫
8 佐々木雄爾『鷗外 永遠の希求』河出書房新社 一九九二年
9 市古貞次校注『新訂方丈記』岩波文庫
10 ヘミングウェイ／小川高義訳『老人と海』光文社古典新訳文庫
11 ポー／巽孝之訳『黒猫・アッシャー家の崩壊』（ポー短編集Ⅰ）新潮文庫
12 阿部秋生校訂『完本源氏物語』小学館 一九九二年
13 梶村啓二『野いばら』日本経済新聞出版社 二〇一一年
14 宮本輝『錦繡』新潮社 一九八二年

15 12に同じ
16 与田凖一編『からたちの花　北原白秋童謡集』新潮文庫
17 北原白秋「海道東征」『交声曲　海道東征』CD解説書　東京藝術大学編　ナクソスジャパン　二〇一六年
18 マイケルローゼン再話　ヘレン・オクセンバリー絵　山口文生訳『きょうはみんなでクマがりだ』評論社　一九九一年
19 小川未明『小川未明童話集』新潮文庫
20 ジェームズ・W・P・キャンベル著　ウィル・プライス写真『世界の図書館』河出書房新社　二〇一四年
21 小川百合『英国オクスフォードで学ぶということ』講談社　二〇〇四年
22 福沢諭吉『福翁自伝』岩波文庫
23 柳田国男「少年読書記」『柳田国男全集』31　ちくま文庫
24 ギッシング／中西信太郎訳『ヘンリライクロフトの私記』新潮文庫
25 山本洋三「私の蔵書――『堀辰雄全集』の思い出」『ニューサポート』二〇〇四年秋号　東京書籍

26　堀辰雄『風立ちぬ　美しい村』角川文庫
27　堀辰雄「新潮社版『聖家族』序」『堀辰雄全集』第四巻　筑摩書房　一九七八年
28　西行『山家集』岩波文庫
29　ヴァレリー／鈴木信太郎訳「海辺の墓地」『ヴァレリー詩集』岩波文庫
30　大野晋・丸谷才一『日本語で一番大事なもの』中央公論社　一九八七年
31　山田潔「『いざ生きめやも』考」『解釈』二〇〇四年十一・十二月号
32　ダンテ／三浦逸雄訳『神曲　煉獄篇』角川文庫
33　マルクス／高畠素之訳『資本論』第一巻第二冊　改造社　一九二七年（国会図書館デジタルコレクション）
34　プリーモ・レーヴィ／竹山博英訳『これが人間か　改訂完全版アウシュヴィッツは終わらない』朝日新聞出版　二〇一七年
35　石牟礼道子『新装版　苦海浄土　わが水俣病』講談社文庫
36　渡辺京二「水俣病の五十年」同書所収
37　野町和嘉『ナイル』情報センター出版局　一九八九年

あとがき

前著『四季の読書』に続いて、読書にまつわる体験や感想を綴った文章をまとめた。思い出深い本について書いているうちに、内外の小説、物語、詩歌、童話・童謡、写真集など、様々なジャンルの書物が一堂に会することとなった。書物が催すささやかな宴である。そこでは、一冊の書物が、別の書物と照らし合うことで、互いの魅力を引き出すこともあるだろう。ほとんどが著名な書物であるが、読んで下さる方が、そんなふうにして何か新しい魅力を発見するきっかけとなれば幸いである。

大石嘉美◎おおいしよしみ

一九五八年静岡県藤枝市生まれ。高校教諭。

著書

『文学の言葉―解釈の諸相―』冬至書房　二〇〇九年

『四季の読書』東京図書出版　二〇一五年

書《しょ》物《もつ》の宴《うたげ》

二〇一九年三月十日　初版第一刷発行

著　者　大石嘉美
装　幀　西田優子
発行者　上野勇治
発　行　港の人
〒二四八―〇〇一四
神奈川県鎌倉市由比ガ浜三―一一―四九
電話〇四六七（六〇）一三七四
ファックス〇四六七（六〇）一三七五
http://www.minatonohito.jp
印刷製本　シナノ印刷
ISBN978-4-89629-357-9